好书精读 Master 15′

商业新闻出版公司和轻松读文化事业有限公司提供内容支持

赢在执行力

WIN THROUGH EXECUTION

轻松读大师项目部 编

中国盲文出版社

图书在版编目（CIP）数据

赢在执行力：大字版 / 轻松读大师项目部编. —北京：中国盲文出版社，2017.8

ISBN 978-7-5002-7950-1

Ⅰ.①赢…　Ⅱ.①轻…　Ⅲ.①企业经营管理
Ⅳ.①F272.3

中国版本图书馆 CIP 数据核字（2017）第 147093 号

本书由轻松读文化事业有限公司授权出版

赢在执行力

编　　者：轻松读大师项目部
出版发行：中国盲文出版社
社　　址：北京市西城区太平街甲 6 号
邮政编码：100050
印　　刷：北京新华印刷有限公司
经　　销：新华书店
开　　本：787×1092　1/16
字　　数：80 千字
印　　张：13.25
版　　次：2017 年 8 月第 1 版　2017 年 8 月第 1 次印刷
书　　号：ISBN 978-7-5002-7950-1/F·165
定　　价：46.00 元
销售服务热线：（010）83190289　83190292　83190297

出版前言

数字文明为我们求知问道、拓展格局带来空前便利，同时也使我们深受信息过剩、知识爆炸的困扰。面对海量信息，闭目塞听、望洋兴叹固非良策，不分主次、照单全收更无可能。时代快速变化，竞争不断升级，要想克服本领恐慌，防止无知而盲、少知而迷，需尽可能将主流社会的最新智力成果内化于心、外化于行，如此才能更好地顺应时代，提高成功概率。为使读者精准快速地把握分散在万千书卷中的新理念、新策略、新创意、新方法，我们组织编写了这套《好书精读丛书》。

这套书旨在帮助读者提高阅读质量和效率。我们依托海内外相关知识服务机构十多年的持续积累，博观约取，从经济管理、创业创新、投资理财、营销创意、人际沟通、名企分析等方面选取数百种与时俱进又经世致用的好书分类整合，凝练出版。它们或传播现代经管新知，或讲授实用营销技巧，或聚焦创新创业，或分析成功者要素组合，真知云集，灼见荟萃。期待这些凝聚着当代经济社会管理创新创意亮点的好书，能为提升您的学识见解和能力建设提供优质有效便捷的阅读资源。

聚焦对最新知识的深度加工和闪光点提炼是这套书的突出特点。每本书集中解读4种主题相关的代表性好书，以“要点整理”“5分钟摘要”“主题看板”“关键词解读”“轻松读大师”等栏目精炼呈现各书核心观点，崇真尚实，化繁为简，您可利用各种碎片化时间在赏心悦目中取其精髓。常读常新，明辨笃行，您一定会悟得更深更透，做得更好更快。

好书不厌百回读，熟读深思子自知。作为精准知识服务的一次尝试，我们期待能帮您开启高效率的阅读。让我们一起成长和超越！

目　录

要实际执行所选定的策略，重点在于决策之后采取什么样的行动。如果一切顺其自然地发展，大多数企业将无法执行既定的策略，而会继续走过去的老路。要想使组织成功落实既定的策略，必须有一套统一且经过整合的执行方法。

置身于21世纪澎湃汹涌的商业环境，就算是最有见识的主管和董事会也经常发现自己不知不觉陷入帕梅拉·哈波所谓的“策略堵车”中，遇到各种问题，而这些问题会威胁企业的执行成效，使企业莫名其妙地瘫痪。

“卓越执行力”具有非比寻常的价值，当企业厘清自身的策略并证实自己有能力在市场上贯彻执行这套策略时就能创造出这项价值。要能系统化、一以贯之地将策略形成与运营执行联结起来，必须历经以下 6 个阶段：拟订策略、规划策略、整合组织、规划运营、追踪和学习、测试和修正。若能把这 6 大策略整合成一个循环系统，你就能有更大的机会实现“卓越执行力”。

我们每天都有忙不完的事务及等待决策的问题，如何在繁忙的生活中厘清思绪，作出适当的处理和判断？最简单且有效的方法就是开列清单，然后一一检查确认。我们需要建立一套除错检查表，将隐藏在细节中伺机而动的恶魔一一除尽。

执行策略的技术

Making Strategy Work

Leading Effective Execution and Change

原著作者简介

劳伦斯·贺比尼亚克（Lawrence Hrebiniak），美国宾夕法尼亚大学沃顿商学院企业管理系教授，自 1976 年起任教至今，研究方向包括策略执行、企业策略研拟与组织设计。与其他作者合著有《执行策略》《管理的向心力》。

本文编译：张定绮

主要内容

关键词解读

策略

策略的规划关系着组织或企业未来的生存与发展。从组织层级的观点看，组织策略可以分为3个层面：企业策略、事业单位策略以及部门策略。其中，企业策略又可以称为企业总体策略，也就是企业整体性的策略，例如企业应该投入哪个行业、投资哪些项目、怎么架构组织和怎么运营，以及企业内各事业单位之间应该怎么分配资源以创造共同优势及综合效应等。事业单位策略的重点在于要怎么建构和维持核心竞争力，以形成短期竞争优势和长期竞争优势。部门策略则是关于营销、生产、人事、配销、渠道、财务及广告等方面的策略。在实务上，企业策略常常是事业单位策略的总和。策略大师盖瑞·哈默尔曾经说过：“事业单位策略与企业策略之间的差异就只差一个订书机。”

组织资源

除了有形的实体资本外，组织资源还包括无形的人力资本以及组织资本，例如员工知识与技能、生产技术、管理系统等。要使组织资源能够真正集中在策略执行上，领导人必须适当地引导预算和绩效奖励的分配，使各单位目标一致地行动。许多企业常使用“平衡计分卡”来评价各单位的绩效，使单位之间为了竞逐绩效而争夺资源，忽略了单位绩效与企业策略的关联性。为此，卡普兰提出了“策略地图”的理论，使平衡计分卡进一步发展成策略执行工具，以整合管理团队、事业单位、支持单位、信息技术以及员工招募与训练等各部门的组织资源。

互赖

依照提出“相互依赖理论”的学者汤普森的观点，“互赖”指一个部门依赖其他部门来完成任务的程度。互赖程度低表示一个部门可以独自完成工作，较少与其他部门互动、咨询或交换的需求；高度的互赖则表示一个部门必须时常和其他部门交换资源。当互赖增加，组织间的协调性也会增加，因此组织必须设计适当的沟通和协调机制才能够有效地处理部门间的业务。互赖的观念也可以进一步延伸到跨组织的合作关系上——互赖除了是企业与企业之间合作的主要因素，还会影响合作时间的长短。企业之间相互依赖的程度越高，双方发展为长期关系的可能性也越大。

汤普森提出了3种组织部门之间互赖的工作

方式，第一种是“汇集式”互赖，这是部门之间互赖的最低形式，例如各部门共同使用企业的大型主机或不同的公司使用共同的资料处理中心。第二种是“顺序式”互赖，例如营销计划和生产计划的关系。第三种是“交互式”互赖，例如由顾客、供应商、经销商等所共同组成的“同步工程小组”，如共同设计、发展、生产及运送福特汽车产品的案例。

5分钟摘要

5大关键要素+4大环境因素

要实际执行所选定的策略，重点在于决策之后采取什么样的行动。如果一切顺其自然地发展，大多数企业将无法执行既定的策略，而会继续走过去的老路。要想使组织成功落实既定的策略，必须有一套统一且经过整合的执行方法。

企业要让既定策略奏效，必须力求以下5项关键要素能适当配合并注意当下的环境因素：

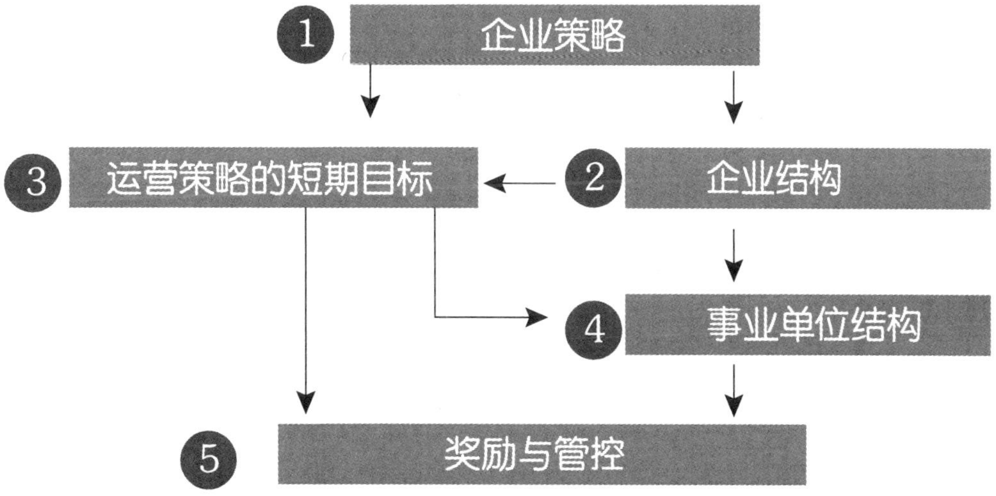

环境因素

1. 公司管理变革的能力
2. 公司的文化
3. 公司的权力结构
4. 整体领导风格

一　企业策略

要想得到有效执行，企业策略必须概念清楚并且重点明确。企业策略在设计之初就必须考虑到执行层面，并且说明企业应包括哪些事业或产业部门。企业策略必须具体说明组织内有多少运营单位负责执行，以及整体资源如何分配给这些单位。

一般而言，提出一份商业策略比实际执行一份商业策略容易得多。造成这种现象的原因有如下几个：

◎经理人受的训练是作规划，不是执行。经理人所具备的构思策略的知识往往比执行知识要多，因为他们所受的训练主要就是如何构思策略。

◎有些高级经理人认为他们可以随心所欲地

提出任何策略，然后把执行的细节留给中层经理或基层员工去处理。他们把执行工作丢给下属员工，期待这些人能够解决所有突发的问题。

◎规划策略的人有时跟实际执行的人没有接触。也就是说，规划者对执行者所碰到的问题可能无法感同身受。

◎执行策略通常要比构思策略花更多时间，所以比较难使大家对前进的大方向始终保持一致认同。

◎策略执行是一连串过程，不同于策略研拟——往往只是一个步骤而已。

◎执行策略需要的人手远多于研拟策略，这多少也会模糊焦点。

尽管有以上这些挑战，但不论从企业整体层级还是从事业单位的层级来看，有效的执行永远都是从好的策略开始。要想执行策略或使策略发挥作用，必须先有健全的策略。

从执行的角度来看，好策略与坏策略之间的

差别在于下列几点：

（1）不论是对企业整体层级来说还是对事业单位层级来说，好的策略都必须概念清楚、有重心，并且所有相关的思考都以事实为基础，而不是凭空想象。好的策略具备以下几项条件：

◎ 创造资金的单位与使用资金的单位之间可以取得平衡。

◎ 各事业单位之间的组合与定位都很适切。

◎ 风险适度。

◎ 能够为组织带来竞争优势。

◎ 可以看清楚有哪些因素会影响公司的市场。

◎ 有务实且健全的假设。

◎ 有周详完备的分析。

（2）好策略对企业各事业单位具有整合的功效，会一再明确地讨论各事业单位扮演的角色，这样就能避免它们相互争夺资源。只要每个人都能确认自己的单位是公司眼中的“金牛”或“成长发动机”，他们就能对绩效评价所采取的标准达成共识。要让组织在这两个层级的策略都能紧密配合，你通常需要举办几场规划会议，公开讨论所有问题。

（3）好的策略会把各个工作环节定义清楚。也就是说，策略可以转换成对应的短期目标以及合理的短期工作评价标准。

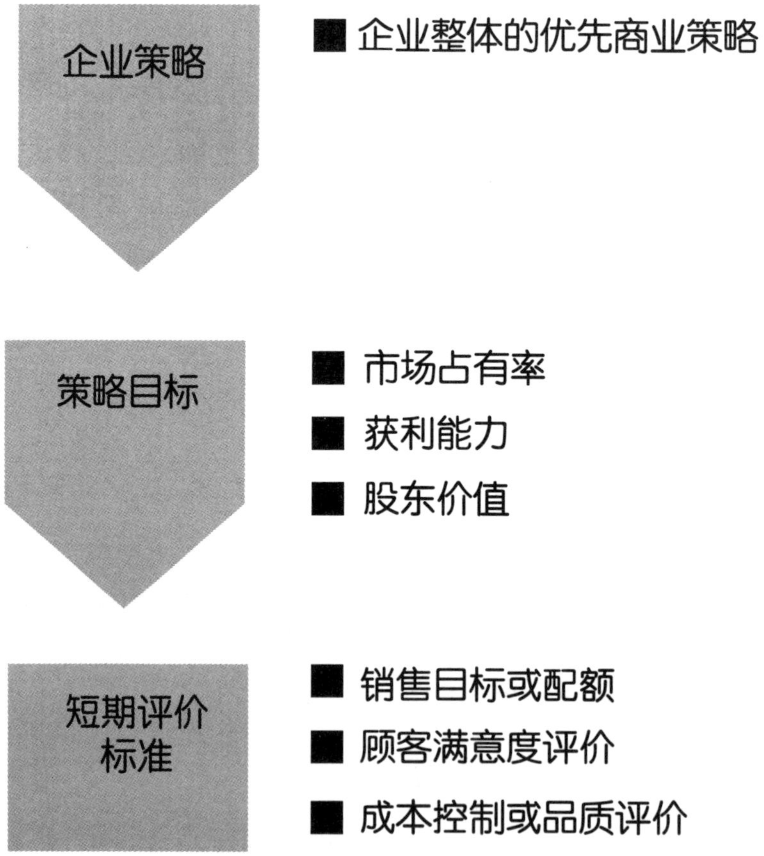

如果没有明确的短期评价标准供员工评估自己的工作进度，策略的执行就会受挫。这些短期评价标准必须是可以测量的，以便作出必要的改进。

（4）好的策略会对组织提出适当的要求，会激发组织去开发必要的能力，以便可以有效执行策略。有效的策略永远会考虑到组织的资源、全球市场的需求以及组织的领导人希望达成哪一类目标。

关键思维

策略是不可或缺的部分，也是执行背后的推手。因此，健全的规划很重要，不论是对企业整体还是事业单位这两种层级中的哪个层级来说都是如此。

糟糕的策略会造成执行不力。构思拙劣的策略几乎只能得到拙劣的执行结果。执行一定要从好策略开始。

我认识的几位经理人老是说："好的执行可以

克服坏策略。”在我的经验里很少发现这种事。坏策略可能给经理人造成很大的挫折——经理人花很长时间辛苦工作，结果发现根本无法执行任务，努力工作却不见成效难免会让人恼火。模糊不清的策略和朝令夕改的策略同样都有令人沮丧的效果。

短期成果是执行成功的关键，经理人照例会在这方面投注很多时间。一定要有短期工作目标，这样才能提供评价方法或标准来评估计划执行的效果。

企业规划不良或认知上的错误将会对策略的执行以及企业与事业单位的表现造成许多可能致命的影响。组织各单位会因此而无法取得资源或取得的资源不足以维系成长。如：原本有机会在企业投资组合中成为“明星”的事业单位可能得不到需要的资源；创造资金的单位则可能会因负荷过重或被公司过度压榨而严重妨碍创造资金的能力。

——劳伦斯·贺比尼亚克

二　企业结构

一旦企业策略定义清楚，就可以确定适合的企业结构。执行企业策略，主要就是靠建立适当的运营结构，通常这表示要在集权管理与分权管理之间取得适度平衡。你应该让每个事业单位都能立即回应市场需求，但有一些活动与功能又应该由中央管控——这样才能避免重复作业造成的资源浪费。一旦确立了正确、平衡的管理结构，就可以通过有效的整合与沟通协调各事业单位。

不论对企业还是各事业单位来说，管理结构对策略执行都很重要。选择哪一种结构，要考虑的层面通常很复杂，而且牵涉的政治因素也很多。

以下三个重要的结构问题会影响组织执行策略的能力：

（1）不同的组织结构分别有哪些利与弊？各事

业单位应该采取哪一种组织结构才是最佳的？公司通常会采取以下几种不同的组织架构方式：

◎ 根据公司内部的作业流程划分。

◎ 根据特定的科技或技术组合划分。

◎ 根据部门、产品线或地理区域来划分。

◎ 根据功能划分。

每一种选择都各有利弊：

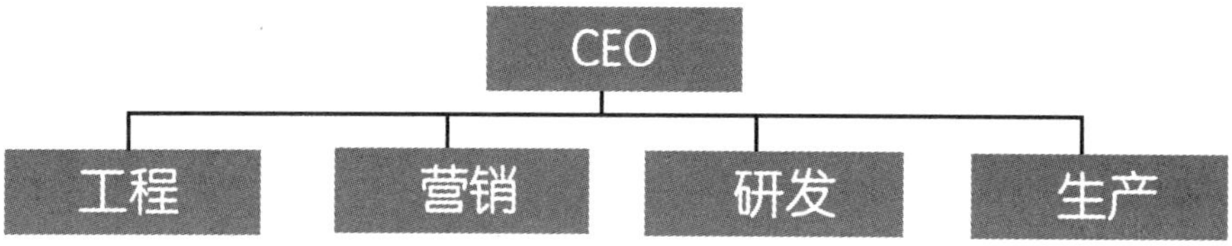

按功能划分组织

弊	利
■ 跨功能的协调工作可能导致成本增加	■ 把重心放在可以实际创造“关键数量”所需的专业技能上
■ 不同的功能有不同的目标与观点，有时负责某项功能的人员只会顾及自己的专业领域，很难要求每位成员随时考虑全局	■ 通过标准化方式可以避免重复使用稀有资源
■ 可能会衍生出内部的官僚体制，减缓组织对市场环境的反应速度	■ 员工有机会在职业生涯不同阶段担任不同工作，有助于个人职业生涯的发展

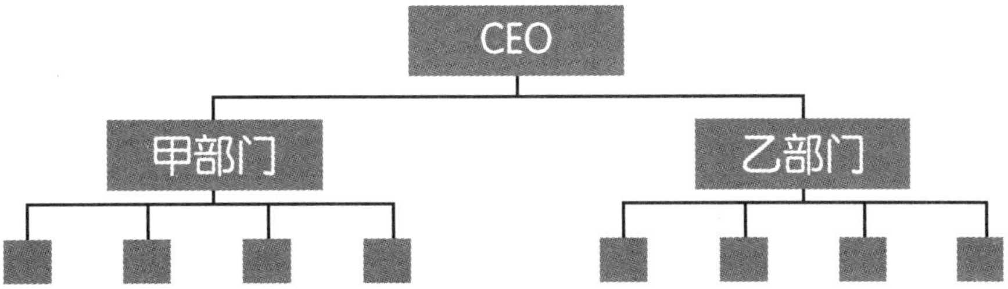

按特定目的划分组织

弊	利
■ 可能重复浪费组织的稀有资源	■ 因为以顾客、产品、区域市场为中心，可以提升效率
■ 可能无法达到规模经济，因为每个部门都想控制自己的资源	■ 协调问题比较少，可以加快组织反应速度

（2）组织应该采取集权管理还是分权管理？应该如何作决策？扁平式管理架构很受欢迎，但有以下问题必须处理：

◎ 员工无法保持工作的连续性，因为员工得自己想办法解决问题。

◎ 员工不能随时向主管请教工作上的专业问题。

◎ 员工可能缺乏承担责任的心理准备。

◎ 沟通可能受阻。

在实务上，大部分组织都采用整合集权与分权模式的管理结构，由此决定总公司的规模与角色，这是一种需要不断摸索的平衡过程。

（3）企业策略应该如何影响企业结构？也就是说，你选择的策略不仅会决定你必须开发出哪些技能与资源，也会影响公司决定哪种类型的组织结构才是最理想的。以下几点可以把两者之间的关系说得更具体一点：

◎ 如果采用低成本策略，则采取集权管理和按功能划分的事业单位结构能够提供最高效率，帮助企业发展规模经济。

◎ 如果管理的重心放在客户、特定地区或产品线上，则采取分权管理、按特定目的划分的组织结构会最有效率，虽然这样可能会因为部分工作重复而增加一些成本，但其他方面的获利可以弥补这部分损失。

◎ 如果采取差异化策略，就该运用按特殊目的划分组织结构的方式——一个部门专心经营市场的某一个区块，另一个部门则专心经营市场的另一个区块。

◎ 如果同时主攻两种策略（也许是一种高端产品与一种大众商品，或一种全球化产品与一种主打特定国家市场的产品），就可以采用混合型组织结构，部分功能采取集权管理，其他功能则划分给不同部门管辖。如果安排得当，这么做可以获得两种组织结构的优势。

三　运营策略的短期目标

每个运营单位都必须拟订自己的运营策略——把重点放在产品、服务以及如何在市场上竞争方面。在实务上，运营策略的重点是如何创造、维持在特定产业中的竞争优势。如果组织要追求优异的表现，事业单位层级策略就必须与企业层级策略契合无间。要执行运营策略，策略计划与目标必须转换成短期目标，由事业单位负责达成，同时也必须发展出适当的短期评价标准。

发展出适当的组织结构是执行策略不可或缺的一环，不过这还不够。执行策略还必须靠整合与协调，尤其是现在很多企业的运营单位遍布世界各地，更需要整合与协调。协调事业单位内不同的作业人员，让每个人步调一致，同样绝对重要。

组织结构有两种基本类型，而组织内部不同单位之间的互动则有三种互赖的方式：

◎汇集式的互赖——每个事业单位各司其职，各单位的经理人几乎没必要知道其他单位的状况。绩效红利取决于组织的整体表现，所以其他单位的表现会在某种程度上影响本事业单位红利的发放，但没有直接机会可以影响其他单位的运作。

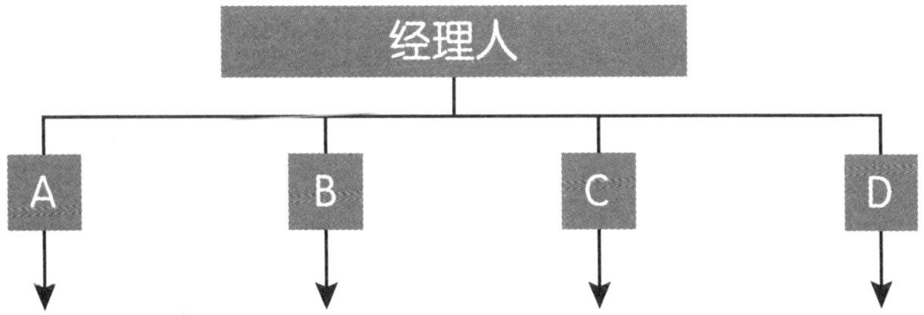

◎ 顺序式的互赖——工作流程从一个单位进展到下一个单位，一直到顾客为止。这种情形下，乙单位人员的工作必须等甲单位工作完成后才能开始，以此类推。甲单位出问题，会影响到乙单位、丙单位。

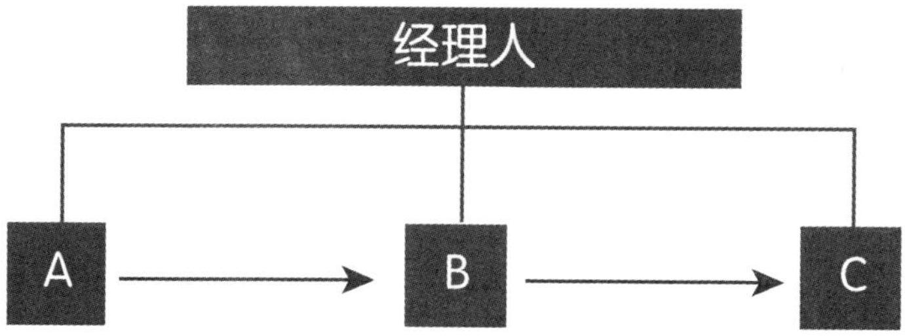

◎ 交互式的互赖——负责不同功能或不同单位的人员随时都必须跟其他功能或单位的人员打交道。一个单位改变规则，随时都会影响所有其他人。

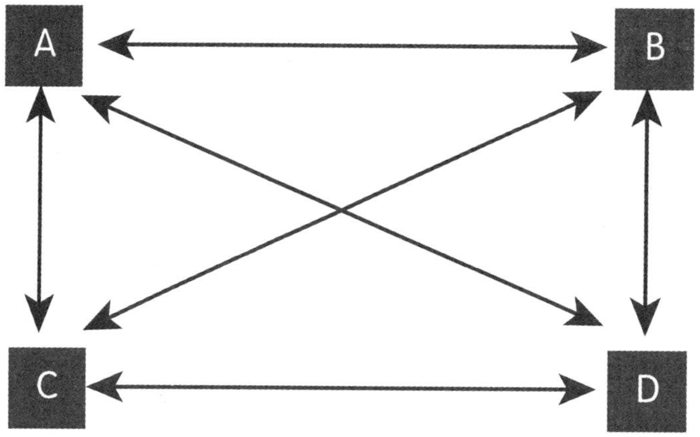

因此，各事业单位合作与协调的方式取决于彼此互赖关系属于哪一种类型：

◎ 如果是汇集式互赖，可以利用一套规则或标准作业程序促使每位成员步调一致。如果这一招不成功，层级制度也能确保任何突发问题都可以得到明确的处置。

◎ 如果是顺序式互赖，就必须将规则与作业程序标准化。各个运营单位的主管之间必须有一套大家都认同的协调计划才能管理工作流程与资讯流通，也才能确保某个单位的作业不会对另一个单位的运作产生负面冲击。此外，各运营单位对于组织内部某个单位卖给另一单位的产品与服务，也必须针对产品与服务的转移计价达成特定的协议。

◎ 交互式互赖的情况比较难协调，也需要更多资源。在这种情况下，每个单位必须与其他单位共享资讯，这点非常重要，因为某一领域发生问题就可能抵消其他领域的工作成果。应尽可能采用面对面的互动，让关键人员定期沟通，在问题刚出现时就把它们解决。

请注意，企业策略与运营策略都会影响到企业该采用哪一种事业单位结构且影响程度相当深。策略会决定采用哪种组织结构最好，然后会影响公司内部各个不同单位之间最适当的互赖关系类型。

关键思维

选择适当的协调方法，将手边的工作与协调方法结合起来，就可以避免“协调不足”的问题，也可以避免“过度协调”所产生的问题，像设立委员会以及其他非必要、累赘又耗时的工作等。

——劳伦斯·贺比尼亚克

四 事业单位结构

事业层级策略、短期目标以及优先选用的企业结构都会影响事业单位对结构的选择。同一家公司内，不同的事业单位可能（也确实）会面对非常不一样的市场，因此需要有不同的管理结构，不能套用固定的模式。好的事业单位结构会反映出该单位的运营策略，也会受到运营策略的驱策，不致受到管理阶层偏好的影响。

不论事业单位最终采用什么样的管理结构，都必须分享资讯、将信息传播到组织的每个角落。如果没有这种持续不断的沟通，任何商业策略都不太可能奏效。

组织可以借由正式与非正式的工具来强化资讯分享这个机制。比较常见的工具包括以下各项：

◎ 建立、维护全公司共用的资料库与信息系统，让大家可以取得信息，然后跟需要的人分享。

◎ 成立正式的团队或委员会，负责加强资讯流通。

◎ 给员工提供非正式的见面、闲聊机会。这对于分享不能诉诸文字的“内隐信息”特别重要。

◎ 制作一份通讯录，列出主要人员的职位、职责与特殊专业能力。

◎ 让每位成员都可以不经主管同意就直接向组织里的任何人求援。

◎ 建立一套大家都可以使用的共同语言，不分专业领域、语言技巧或技术能力，人人都可使用。

◎ 建立互相信任的文化，使每个人都能遵照别人的指示满怀信心地去做事。

◎ 鼓励每个人留意新资讯并把吸收来的资讯用在工作上。

不论使用哪种特定的工具，都必须厘清公司

内部的资讯分享由谁推动、由谁负责。如果没说清楚，没有专人负责这件事，大家就会以为已经有人在做了。

要落实资讯分享，必须做到以下几点：

（1）拟一张职责分派表，列出达成策略目标所需的主要任务、活动或决策。

（2）列出上述每项任务或活动的主要决策者。用下列方式决定每个人的权责层级：

◎ R——负决策全责。

◎ C——决策前必须先向他征询。

◎ A——要为结果负最后责任的人。

◎ I——决策议定之后必须知会的人。

◎ ？——无法确定涉入的程度。

策略目标：开发新产品线

主要任务	重要职位			
	CEO	营销副总	工程副总	生产副总
做市场调查	C	A	I	I
开发新产品规格	R	I	I	I
核准开发预算	A	I	I	I

续表

主要任务	重要职位			
	CEO	营销副总	工程副总	生产副总
开发产品原型	C	I	R	C
开发生产技术	C	I	C	R
进行市场测试	C	R	A	A
决定是否量产	A	C	C	C
经由配销渠道推出产品	C	A	R	R

（3）把这份职责分派表传给每一位经理人，请他们针对每项任务列出自觉最适当的权责等级。这可能会凸显出某些问题。

（4）将所有反馈综合在一张表格上，然后由管理团队召开会议，讨论这些反馈。大家对公司内部谁该负责哪项决策可能会有各式各样的争议，这是意料中的事，但管理团队应该共同拟出一份大家都能接受的职责分派表。达成任何共识之前，肯定都会出现激烈的辩论。

（5）如果始终拟不出一份每个人都能接受的职责分派表，就把与会者拆成两三个小组，要求每个小组各自完成一份心目中理想的职责分派表，然后辩论分派的优缺点。接着由一位协调者或资深的事业单位领导公开跟各小组的负责人协调，完成分派表。最后的决议要尊重每位参与者的意见，并取得大家的同意。

（6）最后汇整出一本手册发给大家，里面须说明要做什么工作、由谁来做、何时执行以及谁负责检查工作的进度等。

这个过程可以整理出来为达成策略预期的结果，组织必须设定哪些角色与责任。少了这种详细的责任归属过程，策略就无法执行——每个人都会以为某项责任是别人的责任，接着就会产生大麻烦。

关键思维

事业单位结构应该能反映出运营策略的本质，并且它应主要靠运营策略来推动。管理结构确实会影响运营的绩效，也会影响成本与其他结果。

——劳伦斯·贺比尼亚克

五　奖励与管控

如果没去做该做的事也能获得奖励，执行就会受挫。因此，在执行过程中，设定能激励个人和团体的奖励办法是非常重要的。这些奖励也必须反映出公司希望建立的事业单位结构。奖励时要兼顾团体与个人，让两者都能受到合理的奖励。通过奖励，组织可以非常明确地告诉大家，哪些事重要、哪些事需要强调。管控则是绩效反馈机制，可以为组织领导人提供资讯，告诉他们策略执行的效果。

奖励可以激发出与预期结果一致的行为和行动，管控则是反馈绩效机制，帮助组织采取矫正行动，同时也可以让组织从中学习。

适当的奖励可以激励员工做更多有用的事。奖励大致可分为以下两种：

◎ 外在奖励——加薪、分红、升迁或其他有形的奖励。

◎ 内在奖励——表扬、给予更大的自主权、提供参与更有趣计划的机会等。

组织提供的奖励必须只能用来奖赏做得对的事——最好是根据大家认同的目标来评价绩效的表现。如果你嘴里说的是一套，奖励的却是完全不同的事，员工就会对你的话产生怀疑；并且只要能赚到组织提供的奖励，就算做出损害组织的事，大家也在所不惜。提供奖励时，一定要避免产生预料之外的后果。要收获什么，就先肯定什么。

一旦定好奖励的规则，获得大家的认同，管控就变得很重要。实际上，管控与奖励是一体两面。管控针对表现提供绩效反馈，强化正确的执行方法，提供修正的机会，让组织重新回到正轨并且带动组织学习。

组织可以按照以下方式管控绩效：

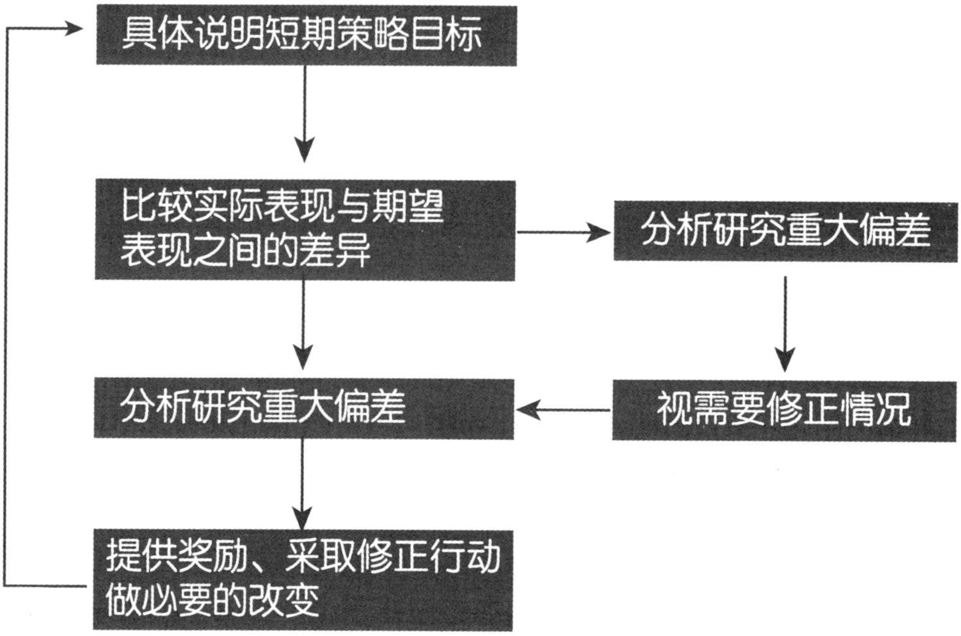

要注意，这个管控流程表能不能有效运作完全得看目标设定得够不够好。目标拙劣，这个流程就注定失败。如果无法有系统地评价结果，或者目标与策略之间没有逻辑关系，整个流程就会崩解，变得毫无意义。好的目标会让人做正确的事，而拙劣的目标则只会引导大家做不正确的事。

其他应该牢记的要点如下：

◎ 永远要确认你奖励的是积极做事的人、

表现良好的人，而不是那些有心表现却从来没有实际去做事的人。

◎ 一旦组织达到一个“里程碑”意义的关键节点，要举办一些令人印象深刻的庆祝活动。

◎ 确认你是公开而且诚实地面对残酷的事实，不要回避事实。无视真实的情况只会减损你执行组织策略的能力。

◎ 赏识、奖励组织成员的团队合作。如果必须靠动员全体才能达成某项成果，就要确保每个人都能获得适当的肯定与奖励。如果只有团队领导人被表扬，下次大家就不会有那么高的意愿参与团队活动了。

◎ 责任归属以及谁应为后果负责都必须清楚说明。如果权责不清，管控程序就发挥不了作用。

◎ 为每个人提供及时且准确的资讯，以便他们可以尽早采取修正行动。管控要想发挥作用，每个人拥有的资讯都必须正确而且及时。资讯过时是个大问题。要随时查看你所提供的资讯，确认大家确实都在使用而没有被其他杂讯给淹没。

◎ 让以身作则的领导者就位。你最不想看到的文化就是："照着我的话去做，不要跟着我学。"

关键思维

奖励是所有执行计划的核心。奖励会让员工知道什么事重要、什么该强调。我们往往会重复受到鼓励的行为。要成功执行决策必须奖励正确的行为。

管控是个反馈机制，能反映目标达成的情况，而这些目标是从策略或执行模式的其他方面衍生出来的。这种反馈机制很重要，因为策略执行是一种适应的过程。经理人很少事事都做对，他们在执行过程中调整计划、目标与执行方法都是常态，不是例外。

——劳伦斯·贺比尼亚克

六 4大环境因素

执行决策与采取行动的环境对执行策略的结果有深远的影响。4大环境因素——变革、文化、权力与领导，必须步调一致，策略才能奏效。要使正确的策略发挥作用，组织必须做到以下几点：

◎ 有能力管理变革。

◎ 高度重视执行的文化。

◎ 支持执行策略的权力结构。

◎ 建立愿意支持既定策略并贯彻执行的领导团队。

1. 有能力管理变革

要使策略奏效，企业就必须管理市场与公司内部发生的变革。这往往是执行优先策略时最大的障碍。

为了有效管理变革，企业必须做到以下几件事：

（1）评估即将来临的变革规模有多大、都是哪一类的变革并决定应该把变革的努力重点放在哪里。

（2）评估有多少时间可以处理你计划中的变革。

（3）决定这项必要的变革应该是一步到位还是应该循序渐进。

（4）安排人手负责变革过程中各个不同的要素，这件事要说得非常清楚，不容含混。

（5）找出实际的方法抵消或中和处理变革时可能出现的各种抗拒。

（6）要监控实施变革的过程。如果运作不如预期，就要作一些调整和改进。企业要密切注意一切进展。

显然，变革越复杂、时间越紧迫，改变的过程就越困难。当你同时还必须兼顾若干与变革相关的任务时，出问题的可能性会大大增加，原因如下：

◎ 协调与管控都更难追踪。

◎ 员工没有足够的时间分析因果关系。

◎ 组织的学习可能会受限。

◎ 可能没有能力调整绩效目标。

如果有可能，渐进式的变革是比较好的选择。如果你能找出方法把较大规模的变革分解成规模较小、比较容易管理的阶段或项目，然后一次改变一部分，就能纾解前面提到的若干问题，甚至完全避免。这种方式唯一的缺点在于比较花时间，而变革的时间越长，越可能衍生出意外的变数，而且缓慢、渐进的变革不会那么刺激。如果把一个重大变革拆解成一连串的小步骤，就无法大力宣传重大变革的行动方案，而有时候这一点非常重要。

2. 高度重视执行的文化

企业文化对组织执行策略的能力会有重大影

响。企业文化无所不在，企业中的每件事都会深受企业文化的影响。如果公司存在一种遇事逃避的文化，员工面对该做的事时也会退缩。同样，如果纪律严明与积极做事是企业文化的主流价值观，你在执行既定策略时就会更有信心。

简单来说，企业文化体现公司共同的价值观与愿景，会决定组织执行任务的方式以及员工的行为模式。改变一家公司的文化虽然很困难，但还是有办法做到的。要改变企业文化，企业必须谨记以下这 5 项法则或准则：

（1）对关键人员提出明确、有说服力并且可以赢得他们赞同的变革理由。说明为什么过去的表现不佳，利用因果分析来寻求变革的共识。

（2）重点放在改变行为模式上，不要直接尝试改变企业文化。员工的行为改善时，企业文化也会随着改变。推出新的奖励机制，奖赏符合公司期望的行为。建立能够配合新文化的管控机制与组织结构，这比诉诸个人改变的效果好很多。

（3）切记，有效沟通非常重要，可以让员工知道公司改革的进展程度。领导人应该以面对面或集体谈话的方式直接与员工沟通，让每个人都知道公司正在进行什么事以及还有哪些目标必须完成。

（4）尽一切可能降低员工对变革的抗拒。在合理范围内引导大家朝积极正面的方向思考，会让消极负面的想法自然消失。提高参与感是绝佳的方法，可以消除任何潜在的负面态度。

（5）以合理的步调推动企业文化变革。如果你尝试同时改变企业文化的很多层面，就会让员工无所适从，也会产生协调沟通的困难，这些都是你不会乐于见到的。

3. 支持执行策略的权力结构

权力可以被定义成依赖的反义词。在任何组织中，最有权力的人都是独揽某种其他人需要的东西的那个人。权力的来源可能是资讯、资源、行动的权威或其他任何东西，但基本原则就是，有权力的人有渠道可以取得其他人想要或需要的东西。

权力会直接影响策略的形成与执行。最有权力的人可以选择偏爱的策略，后续执行上的需要就会随之产生。研拟策略时，谨记这一点很重要。任何组织在考虑策略时，如果没有把组织内部的权力结构考虑进去，就会面临困难，而且很有可能以失败收场。

那么，用什么方法可以提高自己的实质权力，以便研拟并执行你偏爱的策略？下面有几个点子可以供你参考：

（1）尝试与掌握权力的人结盟，他们会通过支持你的想法来换取他们想要的东西。通常，只要你能说服某个内部团体接受你所建议事项的优点，就能形成不容忽视的强大权力基础。

（2）强调将来可以达成的结果有哪些附加价值，而且这个成果必须是可以量化的。即将到手的利益很具体而且可观时，争取支持就容易得多了。此外，如果你提出的建议与结果有明确的因果关系，所产生的效益又可以量化出来——而不是那些难以量化的软性诉求，也会大有助益。

（3）直接找组织里的领导高层——有权力改变公司内部主要权力结构的人。如果首席执行官和董事会知道进行策略变革可以产生明确且不容忽视的利益，就会想探究其中的细节。如果你拿出事实据理力争，他们甚至可能会帮忙调整企业内部的主要权力结构，协助你推动策略。这是最理想的情况，因为任何会削弱组织竞争优势的事物，领导高层必然都会急于去之而后快。

4. 建立愿意支持既定策略并贯彻执行的领导团队

领导不给力可能会使策略执行中断，至少也会构成重大障碍。有效率的事业单位领导人通常会用他们的能力把硬性议题与软性议题相互融合，这是执行成功的关键。越是在利害攸关的关头，领导品质的优劣对成功与否的影响也越大。

领导者可以采取以下行动来提升公司执行策略的能力：

（1）分析、解释并说服大家接受需要执行的决策——向全公司上下说明。领导者必须为正确的决策辩护，因为这种决策未必是最受欢迎的决策。必要的时候，领导者也得采取行动，确保该做的事能确实被执行。

（2）建立既有吸引力又能配合策略执行的奖励机制。比起其他因素，奖励最能传递出不易被误解的讯息，彰显执行策略时什么受重视、什么没价值。

（3）作策略性的长期思考，鼓励有益于未来提升绩效的学习活动。

（4）了解内部权力结构。也要知道，当没有决定权的员工提出真正的好点子时，如何克服来自权力结构的障碍。

（5）决定变革的理想步调——评估是不是必须采取快速且复杂的互动或者用渐进的方式、以稳定的步调介入。

（6）保持开放的态度，高度包容模棱两可与不确定的状况。

（7）消弭内部偏见，策略的拟订与执行才不至于完全由一个单位或部门把持。

关键思维

权力就是社会影响力，这种影响力可以通过不同的方式具体呈现。

员工是成功执行策略的关键。显然，员工的动机、能力、投入程度都会影响执行的成败。所以领导者的重心必须放在营造组织气氛上，让理想的组织气氛驱动员工执行。

——劳伦斯·贺比尼亚克

延伸阅读

策略规划没有新鲜事，但求执行

文/于卓民

企业管理追求的目标是为企业带来更适合的经营运作方法，以创造更大的利润。从1965年美国卡内基梅隆大学教授安索夫出版《企业策略》以来，专门探讨策略的企业管理书籍充斥于出版市场，难以计数的理论模型、矩阵、坐标图由大学商管学院的教授、企业管理顾问、管理咨询公司接续提出，越是晚近的企业管理学生需要修研的模型越多，学习的负担相当沉重。

模型理论让人左闪右躲

坊间有很多与策略有关的专门书籍，那都是数十年来企业管理界的心血成果。从实际运用的角度来看，这么多的理论到底哪一个才是好的呢？

综观企业管理的各项模型理论可以发现，多

数模型理论聚焦在某个议题、单一部门上，例如财务上的现金流量管理、怎样挖掘人力资源的潜力等；要不就是看似是策略规划，内容却是教使用者如何左闪右躲，避开可能存在的风险，扩大单一领域的优势，而无法使他们获得整体组织的改善。

就实质而言，企业管理理论的选择，最佳的依据来自于现实世界。明茨伯格于 1994 年出版的《战略规划的兴衰》明白指出“策略是无法规划的”，组织必须综合个别企业经历或将面临的各种情况，才能产生适当的策略。换句话说，经过实务历练，每家企业都可以找出最适合自己的策略模型，学者、顾问能做的事，只不过是为他们提供部分理念。本文核心即指出“策略执行”的重点在于“执行”，而不是策略。

难以做到步调一致

一般的生产流程都会制订工作手册（SOP），质量管理的监督要项之一即是此。任何绩效考核都能以SOP衍生的各项分析法的形式加以套用。策略也可以编成SOP，采取各项标准化指标考核绩效，但是难度非常高。

执行与行动的环境对策略成败有非常深远的影响。而4大环境因素——变革、文化、权力与领导——“必须步调一致”，策略才能成功。这是本章作者的观点，台湾地区的企业不可能落实，可能多数的欧美企业也做不到。

举个简单的例子，企业内部推动策略性决策之前，常从外部找寻资讯以资参考，结果是业务部门找客户的资讯，研发单位找新科技的资讯，财务部门找金融商品资讯，每个部门谈的事情都不一样，找到的资讯无法推演出令人满意的结论。

相比而言，日本企业倚赖共识，决策的过程自然围绕着共识，策略规划的效果比美式企业依标准作出决策更为明显。共识可以塑造、建立企业愿景，再慢慢酝酿企业文化。把所有副总经理以上的高层主管的想法、看法加以整合——如此一来，策略规划才有得谈、才做得开。

推动策略规划应该有人带

台湾地区厂商向来做 OEM，这对策略规划造成深远影响：企业不敢超越大买主，怕被对方怀疑自己想要独立发展而不再与自己合作。曾有电脑厂商有意尝试发展自有品牌，在没有事前告知 OEM 买主的情况下在市场上推出相仿产品，结果丢了订单。

没有培养技术预测的能力。因为产品规格、技术层面均已由 OEM 买主准备好，台湾地区厂商经费配置上就自动减去了技术研发这一块；而现有的研发部门都被用来应付 OEM 买主要求的技术微调，没有时间和精力从事最源头的技术创新。

企业接触不到市场上的终端消费者，掌握不到新时代的消费趋势，可能连主力销售市场消费者的颜色偏好都不知道，只会想尽各种办法猜测跨国企业的需求、满足 OEM 买主的欲望。

企业的顾客关系管理系统一般也只记录简单的信息，比如 A 客户的个人喜好、高尔夫球杆数，甚至讲过的笑话。理由是，OEM 厂的主要大客户就三四家，维持顾客关系的最好方法就是陪他们打高尔夫球。

上述随手列举 4 点，每一点都涵盖在策略规划的要项里，台湾地区厂商若只是停留在 OEM 经营模式上，就没办法执行策略规划。《竞争大未来》的作者、美国知名商业管理教授普哈拉，近来在推动“金字塔底层大商机”的观点，他搜集许多美国企业管理研究生的观察，揭露社会金字塔底层消费者的需求，通过发展新产品或提供新服务，提出了 12 种创新原则，把过去被定位为穷人的消费者扩大为跨国企业的目标顾客，产业遍及零售、医疗保健、金融服务、农产品交易等产业。台湾地区的一般企业，显然没有这样的动力。

小企业的策略规划是关键一环

此外，在台湾地区的企业里，若是大型且知名的企业，总是会有一位仰之弥高的企业主，如台积电的张忠谋、鸿海集团的郭台铭。若是公司内部大费周章开会、讨论，依照策略规划 SOP 提出自家最适版本，结果大老板一看，不喜欢，不就都马上全盘推翻？

个人观察台湾地区的企业后发现，大企业对于策略规划敷衍应付的态度令人吃惊；中小企业对于策略规划则噤若寒蝉——除了时间、人力等资源上不允许，中小企业的核心能力多集中在单一项目上，能够沿用的成长模式相当有限。中小企业长期以来的传统做法是偏向发展策略伙伴、策略联盟模式，也有部分企业随着主要客户的成长而成长并向产业的上下游找寻扩大版图的成长机会，但过程很辛苦。

中小企业的发展潜力极具爆发性，在此提供策略规划的 6 种模型，以激励更多的中小企业苗壮成长。

（1）不断提升本行业的能力：多数业者采取此一策略，认为固本是最好的方法。然而，由于中小企业规模受限，在全球市场占有率上能够冲到40％至50％，通常已到了极限，再怎么深耕本行业能力也不太有效果。

（2）随着客户的成长而成长：由于这类企业掌握关键零件，一旦下游厂商出现大幅成长，自身就有可能跟着水涨船高。近来许多提供 iPad 零组件的供应商因苹果产品大卖获得极大回馈就是一例。

（3）并购其他企业：市场占有率30％的业者，可以并入拥有市场占有率5％的同业；可是，采取此一策略时必须格外小心，曾有不少案例显示，企业并购完成后市占率反而不如以前。正确的做法应该是并购核心技术、目标客户不一样的企业，这样后续的发展空间才比较大。

（4）延伸产业价值链：增加对相同元组件上

的零件的掌控，从原先的 A 零件逐次延伸到 B 零件、C 零件，甚至延伸到半成品出厂前的测试。

（5）多元化发展：把发展成形的核心技术运用到其他产业进行创新发挥，企业就可以期待一个全新的发展空间。综合过去的经验来看，这是最成功的策略，也是让很多中小企业老板赚大钱的方法。

（6）从 A 项优势跨向毫不相干的 B 项优势：例如亿丰窗帘从制造窗帘跨向产品设计、运输配送、渠道服务。虽然该公司经营良好，因而茁壮成长，但是我个人非常不推荐这项策略，因为小型企业实在不应贸然踏入不熟悉的领域。

最后，还是那句老话，策略规划剧本有 18 套，如何演出一场精彩戏，全看戏班子的演功与默契了。

作者简介

于卓民，美国密歇根大学企业管理博士，现任台湾“政治大学”企业管理系教授。教学领域与研究兴趣集中在国际企业管理、国际营销管理、创业管理等方面。

贯彻执行力

Preventing Strategic Gridlock

原著作者简介

帕梅拉·哈波（Pamela Harper），毕业于美国西北大学，为企业发展顾问公司创办人及总裁，该公司擅长协助企业领导人落实企业策略，获得高绩效成果。哈波女士经常应邀演讲、探讨企业组织课题，也常在各大报纸杂志上发表文章。

本文编译：庄靖

主要内容

5分钟摘要

以U－N－L－O－C－K手法提升执行力

不论考虑多周详、用心多深，企业领导人一旦遇到“策略堵车”问题，他的商业策略就无法发挥应有的作用。简言之，存在这种问题的企业无法好好地执行策略。造成策略堵车的原因来自企业内部而非来自外在的竞争对手。

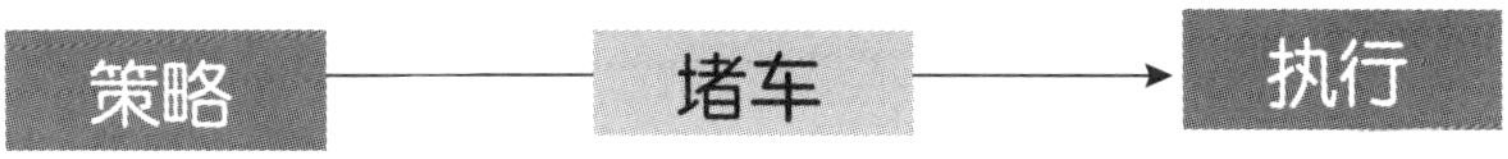

那么，该如何处理“策略堵车”问题呢？最好的方法当然是及早看出端倪，防患于未然。

但如果你已不幸地陷入堵车阵营中，那就得靠U—N—L—O—C—K理论发挥作用了。如果你不能在第一时间内防止“策略堵车”现象的发生，那么就得掌握一些专业知识，以便突破堵车困局。

关键思维

堵车现象不只发生在交通运输上，也会出现在各行各业想要推行企业策略的大、中、小型公司里。置身于21世纪澎湃汹涌的商业环境，就算是最有见识的主管和董事会也经常发现自己不知不觉陷入我所谓的“策略堵车”中，遇到各种问题，而这些问题会威胁企业的执行成效，使企业莫名其妙地瘫痪。

——帕梅拉·哈波

一　了解“堵车”警示

组织或作业流程不断发生问题使企业无法执行策略就是发生了“策略堵车”。企业一旦陷入这种僵局，就会逐步麻痹瘫痪。不过，幸运的是，只要及早发现造成组织“策略堵车”的7大错误观念，就可防患于未然。

企业在执行策略时受组织中某些隐藏障碍的影响，可能就会发生“策略堵车”。如果处理不当，组织就会落入“策略堵车”的恶性循环，无法取得想要的成效。

◎“策略堵车”绝非突然发生。组织障碍多半是逐渐累积而成的，不会骤然出现。而且某些障碍与“堵车”貌似相关性不大，所以难以让人察觉。

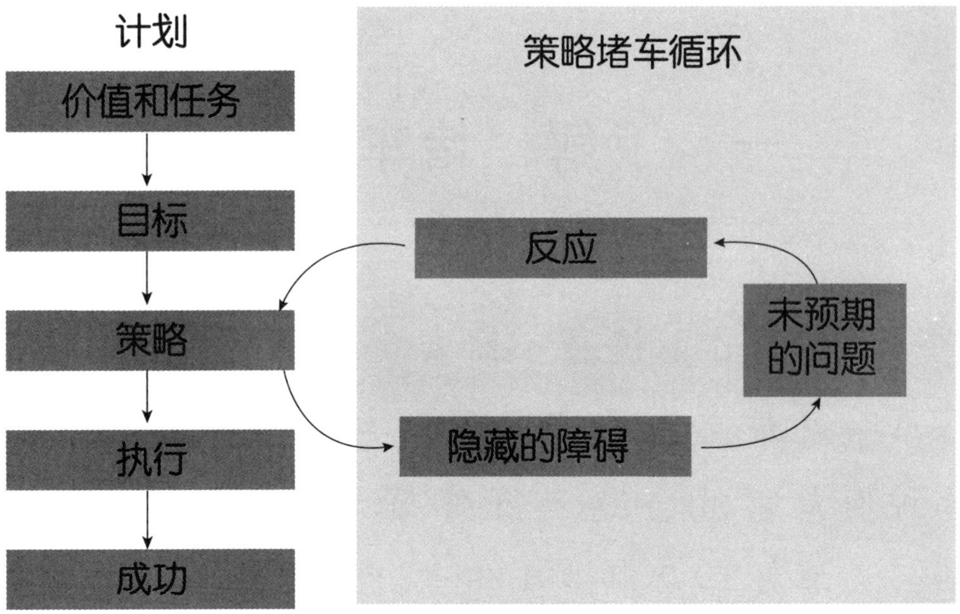

◎“策略堵车”常发生在动荡不安之际。如果很多事同时发生变化，组织就容易做出错误假设或找不出正确的因果关系。

◎“策略堵车”可能发生在整个组织层面，也可能仅限于几个不同部门中。但任何一个部门发生堵车都会连带影响公司的所有部门。因此，只要发生“策略堵车”，就会严重影响组织的健全发展，为成功制造障碍。

◎“策略堵车”是可预防的。借由留意警示及有效整合策略计划中的执行要项——找到企业原本应该奏效和实际奏效的方法间的平衡点，就可在第一时间预防“策略堵车”发生，其中的关键是使思考、计划和执行三者达成平衡。

以下是 7 项“策略堵车”的重大警示，分别依据不同的错误假设。

隐藏障碍 1：“一体适用”思考法

企业领导人想把过去的成功策略和方案强行套用在目前的组织中或直接借用别人的成功做法而不考虑目前企业的优劣或与原企业的异同之处，结果就会产生隐藏障碍。

“一体适用”思考法的起因可能如下：

◎ 急于追随行业领导者而不了解组织与市场领军企业之间的差异。

◎ 认为自己不该干扰组织的运作，尽管这样的做法在别处曾有明显成效。

◎ 认定没有其他的可能性，因此必须和其他人做相同的事而不去寻找更好的成功之道。

要消除“一体适用”思考法，你必须做到：

（1）花点时间分析自己的组织和你试图效仿的行业领导者之间的异同。

（2）扩大思考范围，想想组织内外的情况会怎样影响应该遵循的策略和成功的可能性。

（3）仔细查考可能影响主要利益相关者（包括客户、员工及所有为了各自利益可能对产品提出要求并造成影响的人）的动向，思考这些动向以及这些人会对组织造成何种影响。

（4）研究如何改进曾在别处有效的策略，以使之符合当前利益相关者的需求。

关键思维

策略成功的原因通常是组织和商业环境之间达到了巧妙的平衡状态。想成功，方法有很多种，而企业能否生存，就看你是否能选出符合组织独特现状的策略与方案。

——帕梅拉·哈波

隐藏障碍 2：“壮士断腕”管理法

部分企业领导人总认为裁员与大幅改组才是企业进步的最佳方法。也就是说，这些企业领导人试图以“壮士断腕”的方式增加利润。

采用“壮士断腕”做法通常基于下列 4 大信念：

◎组织之所以出问题，在于没有“知人善任”，而非错误策略造成。

◎ 组织重组后，人人都可重新出发。领导者希望企业问题会随员工离职而消失。

◎如果某人是组织里的绩优员工，那么把他放在其他组织里也一样会是绩优员工。因此，只要招募到合适的人才，问题就能解决。

◎除了上述绩优员工外，其他人都无足轻重。因此配角员工都是可替换的，即使他们拥有宝贵技能和关键技术。

要去除“壮士断腕”这一错误管理法，必须做到下列事项：

（1）回顾组织过去为应对竞争压力而裁员或重组的记录，看看这些做法是否真的解决了问题。

（2）分析企业是否真的因为请来了超级绩优员工而使问题迎刃而解、成效如何。

（3）企业精简后，仔细考察顾客投诉的情况是增加还是减少了。

关键思维

当企业文化成为组织不能正常运作的主因时，重组与裁员也无法解决长期累积的财务和竞争问题。

——帕梅拉·哈波

隐藏障碍3：先行动再思考

如果企业不先从根本上了解现实情况，只顾把握机会、解决问题，障碍就会浮现。2000年的“达康公司热潮”就是最佳例证。

发生下列情况时就会产生这类障碍：

◎ 企业领导人认为自己早已掌握所有相关事实，因此自以为是地筛选该注意或该忽略的资讯。

◎ 大家都认为立刻采取行动是必要的，因此不再“浪费”时间仔细分析与规划。

◎ 企业领导人认为解决之道十分明确，因此没必要对所有假设再进行测试。

◎ 大家认为任何问题都能在事后修正，更愿意立刻以“急就章方案”应急而放弃等待更严谨的方案出炉。

要消除这种“先行动再思考”的心态，可运用如下方法：

（1）先做研究，找出自己花了多少时间和企业一起朝目标前进，又花了多少时间为过去的决策救火。如此一来，你就会对自己的成绩有所了解。

（2）研究意外问题出现的频率。这样在采取行动前还可就各项假设进行测试，提出达成更佳结果的建议。

（3）每当想出策略后，清楚说明并记录自己的假设。当你在现实世界进行测试时，就可以了解这些假设是否经得起考验。

关键思维

将策略付诸实践时忽略或误判组织现状，就等于埋下“策略堵车”的伏笔。

现实的压力迫使企业必须以惊人的速度发展，必须迅速果断地采取行动以应对面临的挑战。然而，问题往往并不如表面所见的那样简单。我们对成果的渴望，加上错误的思考习惯，很可能使我们制订出不符合组织真正需要的计划与策略。

——帕梅拉·哈波

隐藏障碍 4：期待人人都能接受改变

有时候，企业领导人期待能立即顺利地改变

组织，他们天真地以为只要更换门前招牌、引进新策略，一切就会随之改观。不幸的是，实际情况往往并非如此简单。

产生这种“期待人人都能接受改变”的隐藏障碍，往往是因为领导人认为：

◎ 要求改变是合理且有利无害的，并且领导人自以为人人都了解改变背后的逻辑。

◎ 员工不愿变革只是缺乏足够的动机。

◎ 自己知道在变革过程中哪些利益相关者是最顽强的抗拒者。

◎ 改变行为就等于改变制度。

◎ 基层人员绝对会乖乖遵从上级指示。

要消除抗拒新观念的隐藏障碍，做法如下：

（1）预先设想企业内部一定会有部分人抗拒新想法，接受这就是环境变化时他们的自然反应。正视这样的反应，然后直接着手处理组织内抗拒最激烈的单位。

（2）以身作则。基层人员如发现领导人言行不一就会产生抗拒，因此领导人应以身作则。

（3）绝不低估抗拒力量的反扑。即使先前表态支持你的利益相关团体也可能因议程改变而抗拒你。你必须作好准备，应对人们的不同想法，争取更多利益相关者的认同。

隐藏障碍 5：采取一连串新策略

市场发生剧烈变化时，有些企业领导人会认为推动组织进步的最佳方法就是执行一连串新策略和新想法。但问题是，同时出现太多变革，员工会产生如坐上云霄飞车般的惊恐，担心自己没有足够时间吸收并因应变革。

当企业领导人有下列想法时，这种“采取一连串新策略”的障碍就会发生：

◎ 组织有必要不断变革，这样才能因应市场环境变化并占得先机。

◎ 企图在完全不切实际的紧凑时间内完成任务，因此没空理会任何初期的差错。

◎ 所谓问题，只不过是尚未找到正确解决

方法的个案，所以必须一再尝试各种新想法，直到找出组织能接受的方法。

◎ 组织可以从容应付新方案，因此无须彻底解释新想法。

◎ 力求迅速改变而非正确改变，尤其是在牵涉裁员时。

要消除这种潜在障碍，你必须了解：

（1）引进新计划时介绍内容非常重要，因此你必须先说明新想法的内容到底是什么。只有这样才能让大家树立起同舟共济的信念。

（2）构想任何新策略前务必停下来检视自己对问题真正原因的假设，不要在执行途中才回头检查。

（3）在放弃旧策略、采用新策略前，先分析为什么旧方案会失败。这样一来，自己在采用新策略时可避免重蹈覆辙。

隐藏障碍 6：只听想听的话

某些企业的领导人不愿意面对现实，刻意回

避逆耳的忠言。“只听想听的话”这种障碍会出现在下列情况发生时：

◎ 资深高级主管认为所有员工都和自己有相同的看法，根本没想过要以不同视角来看整体情况。

◎ 企业领导人视意见不同者有如“无病呻吟”，因而这些人的意见也会被组织里其他成员忽视。

◎ 领导人认为，员工若想表达意见自然就会说出来。也就是说，领导人会完全忽略员工所传递的非言语信息。

要跨越这道障碍，企业领导人必须更有同理心，得做到：

（1）构思新策略、计划时要尽量融入所有利益相关者的观点。

（2）预先设想各个团队面对执行新策略的要求时会有何种反应。

（3）把抱怨视为验证“人人都在努力执行交

办任务”这项假设的契机，毕竟领导人和抱怨者的想法不尽相同。

（4）对利益相关者传递的言语或肢体信息要更敏感。

隐藏障碍7：看到警示却依然坚持己见

在商界，坚韧不拔固然是项优点，但也有负面影响。部分企业领导人一心追求成功，即使看到眼前的危险信号也依然勇往直前，直到要大难临头时才突然发现先前忽略的警示正是灾难的成因。

在企业环境迅速变化之际，这类障碍特别容易发生——领导人没有察觉初期警示，现实情况不如预期，却又不肯中途调整，反而一意孤行。他们忽略可信度高的诸多警示，企图让环境适应策略，而非改用较合理的做法——改变策略以顺应环境。

“看到警示却依然坚持己见”可能发生在领导人出现下列假设前提时：

◎“只有我对，其他人都错。”

◎“我们以前就见过这种商业循环”，因此他认为面对这类挑战的方法就是故技重施，重复上次成功的策略。

◎“时代可能会变，但我们要一路行来，始终如一！”这样会使企业无视新创企业及其他竞争对手带来的威胁。

◎“有那么严重吗？”这是另一种低估新的竞争威胁的常见方式。

◎“我们别无选择”，因此公司只能锁定单一策略，即使这在未来会导致问题也没办法。

要克服这项隐藏障碍，你可运用下列方法：

（1）承认必须经常调整、改进策略和方案。

（2）学习区分市场杂音和真正的危险信号。

（3）在策略中设置检查时点和关键节点。这样才能暂停一下、重新调整，以因应市场的实际变化。

（4）构思策略时，养成经常测试假设观点的习惯，也要考量自己评估风险的正确概率。

(5) 要比以往更认真地考虑意外状况。这样做能增加弹性，协助组织适应迅速变化的环境。

关键思维

早在“策略堵车”出现明显迹象前，组织的错误早已经存在，而且有清楚的模式。我注意到“堵车循环”现象始于策略思考和计划，并一路延伸到执行层面。这个循环的起始点是基于公司愿景和使命而拟订的企业目标和策略。然而一旦隐藏障碍出现，策略和其后拟订的方案便会偏离轨道，导致未预期的问题出现。为了迅速解决问题，领导者往往提出更多方案并立即执行，而这通常会使企业遭遇更多隐藏障碍，面对更多问题。这种循环会持续发生，直到组织以某种方式解决问题或这一循环造成公司破产。

——帕梅拉·哈波

二　突破“策略堵车”，继续前进

为了防范和突破“策略堵车”循环，可以运用下列6大指导方针，即U—N—L—O—C—K公式：

U：每个组织都是独一无二的，所以必须了解自己所面临的挑战。

N：商请利益相关者参与，因为这有助于你达成他们重视之事。

L：找出企业中能够推动或阻碍策略方案执行的关键人物。

O：拟订目标和行动计划，让人人都了解并保持步调一致。

C：充分沟通，让组织员工相互支持。

K：组织状况永远都在改变，必须持续作出调整。

U：了解所有挑战

要避免或解决“策略堵车”必须首先了解堵车的成因。堵车的原因很复杂，并非单一因素造成。除非能搞清楚所有原因，否则忙乱地采取行动很可能只会加重“策略堵车”的情况。

想进一步了解组织面临的现实情况，你必须：

（1）组织一个团队。大家一起辨识组织面对的机会或问题。理想状况下，这个团队不仅应该跨部门，还要包括所有重要利益相关者群体的代表。

（2）规划参考架构，打造资料库。这样才能量化眼前的挑战可能造成的影响。运用这些工具才能更深入地探讨关键事项，并预测后续效应。

（3）针对挑战，设计多种应对方式。即使已有明确的答案，也需要这样做。可借由检视所有选项提高成功几率。也可运用真实资料，检验假设正确与否。

（4）选择最好的应对方式，也就是回报最多、风险最低的方式。

关键思维

“策略堵车”源自于轻视或低估组织的重要层面，因此，在思考各类策略选择时你务必要纳入所有潜在的挑战。

——帕梅拉·哈波

N：商请利益相关者参与

除非公司内外的关键利益相关者同意作出改变，否则不论你做了多少分析和计划也不太可能有多大的进展。换句话说，若不能争取到适当的人大力支持，要落实计划就会很困难。因此，能越快取得利益相关者的支持越好。

想获取利益相关者的支持，你必须：

（1）先辨识出谁才是关键的利益相关者。最明显的利益相关者未必是最有权力的利益相关者。在此步骤中，该加入其他人，像顾客、供应厂商或相关政府单位等第三方团体。

（2）为了成功执行策略，你得想清楚需要每个关键利益相关者提供何种协助，然后再仔细思考自己愿意放弃什么以便达成交易。这样有助于预见各种后续影响以及执行后的理想状态。

（3）评估各利益相关者同意提案的几率并以此作为拟订谈判策略的基础。预先宏观地考量整体情形就能更明白利益相关者的要求会对彼此造成什么影响，也有机会思考每个谈判者想要争取什么。

（4）展开谈判。向前推进的同时要不断思考利益相关者提出条件的真正目的。谈判时收集对方透露的线索可让自己不断调整谈判策略。

事前分析可让自己在谈判进展不如预期时仍能占据有利地位。你或许会发现，提出新选择是一种方法，但在原有选择上还会有其他实际做法能满足各团体的期待，比如推出更切合实际的时间表或找出更好的沟通方式。这些做法会随着谈判进展而出现。

关键思维

人人都会为自己打算，谈判应以此为基础。

——帕梅拉·哈波

L：找出企业的“推动者”和“阻碍者”

企业文化（不论正式还是非正式的）是企业执行策略的助力还是阻力？策略与企业文化能否相互配合？有两组人会影响以上问题的答案：

◎ 推动企业文化的关键人物——那些有影响力、认同并执行企业策略的人。

◎ 阻碍企业文化的关键人物——这些人在企业内部有影响力，且对策略一贯采取反对到底的态度。

找出“推动者”或“阻碍者”的方法有：

（1）确认组织要如何做才能成功执行策略，

找出组织需要具有哪些能力。

（2）检视谁有执行策略的能力，这些人就是企业文化的“推动者”或“阻碍者”。

（3）必须考虑组织的文化特色以及推动策略向前时，是否有任何动机可以激励或压制这些关键人物。请牢记下列定义组织文化的8要素：

◎组织的价值体系。

◎各部门定义成功的标准。

◎领导人的特色和行事风格。

◎理想的组织结构。

◎各部门间工作流程的衔接。

◎员工的观感和期许。

◎工作环境和员工偏爱的做法。

◎工作环境传达的信息。

为达成期望的成果，在建构工作动机组合时必须考量上述所有因素。

关键思维

当正式和非正式的企业文化发生冲突时，非正式企业文化永远都占上风。若能修正企业中与达成企业目标息息相关的部分文化，就能使文化变革和利益相关者的关系更密切。

——帕梅拉·哈波

O：拟订目标和行动计划

不论新策略有多大的目标，唯有目标和组织现状两者间能有所联结，策略才有可能落实。因此，根据现状作计划变得十分重要。除非能把新策略的重点、目标和组织的日常工作结合在一起，否则一切都不会有改变。

因此该由何处开始并非空泛的问题，因为你选的起点将为整个项目定下基调。若是选择的起点和组织现状脱节，那么大家会觉得这项策略只是有趣的脑力训练而已。要增加动力，起始点非得符合现状不可。

要拟订计划和目标，必须运用下列方法：

（1）和关键利益相关者合作，拟订执行计划，详述所有必要的行动步骤。接下来评估自己是否握有足够的资源、能力，组织是否有意愿去做该做的事。这么做能让你认清自己在哪方面资源不足。

（2）检视策略是否与现状相符。你可借由提出下面的问题找出答案："现在我们已经了解了执行阶段的必要步骤，那么这个策略还是最好的吗?"如果答案是肯定的，就可以放手去做；若答案是否定的，就该回头拟订更切实可行的替代方案。

（3）列出企业目标的优先顺序并加以重组，以便能施展高水准的执行力。要达成此目标就要减少未来必须采取的行动和组织现状间的冲突，尤其要避免新旧策略竞相争夺资源而造成的冲突。在这个阶段中，须把合理的取舍条件纳入考量。尤其要时时警觉，找出企业各个目标间的矛盾，不要让一个部门同时处理两件不同的工作。所有企业都应该避免这样的冲突。

关键思维

对企业执行策略而言，排列出策略目标与行动的优先顺序和选择“正确”的策略一样重要。只有策略的各部分都能相辅相成，才能保证执行效果。

当计划执行明显影响组织的生产能力时，就该质疑自己的假设，并探讨是否还有其他替代方案可以帮助你达成目标。

——帕梅拉·哈波

C：充分沟通，建立可信度

通常领导人在制订新策略或方案时会与员工进行密集的沟通，但在执行阶段沟通却较少。这是个问题，因为员工为弄清事情的进展，就会转向其他较不可靠的消息来源，企图填补资讯的缺失。比较好的做法是，企业领导人与员工应保持时时沟通，而非仅在特定时期传达想法。

在商业界，以下要素可以增加沟通的可信度：

◎ 相关性——沟通内容与企业员工的喜好息息相关。

◎ 够新鲜——内容贴近现状，而非一个月前的情势。

◎ 有意识的关联，例如领导人所言与所行是否有关联。

◎ 正确的沟通方式——不论正式还是非正式的渠道，都要传达一致的讯息。

◎ 不滥用“紧急”这样的词语，更不要挪用到日常业务上。

要克服因缺乏沟通造成的“策略堵车”，可参考下列方法：

（1）确定想传达的讯息是什么以及听众是谁。通过观察与思考确定自己要沟通的讯息及期待获得何种反应。

（2）评估现有渠道的沟通效果。以宏观的角度评估目前新策略是否能够获得足够的支持。

（3）针对各利益相关者团体，拟订完善的沟通计划。使用自己可运用的所有正式与非正式渠道，将量化标准也纳入评量沟通计划成效的过程中。

越会使用正式和非正式的沟通方式，就越能促使大家继续支持你推行新策略。如果你也把反馈机制纳入这两种沟通渠道，就能监督整个执行过程。

关键思维

要根据利益相关者获取及吸收资讯的不同方式建立自己的沟通方式。运用多重沟通渠道传达重要讯息就能降低讯息漏失的风险。

越了解并满足不同利益相关者对资讯的需求，就能越有效地与这些人沟通，促使他们支持并参与你提出的策略和方案。

单纯地传送资讯和信任地沟通交流有极大的

差异，前者只散布讯息，后者却能让你的讯息满足听者的需要，取得你所想要的成果。只有你持续不断地努力才能收到长久的效果。

——帕梅拉·哈波

K：持续调整与修正

执行策略计划时，环境会不断改变。除非你能应对这些变化，不然计划就很容易脱离轨道。你需要特别注意下列三种风险：

◎ 可预期的风险——这类风险都会发生在最糟的时候。事前预防的方法很简单，比如多找几家替代厂商或拟订其他紧急应变计划。

◎ 不可预期的风险——这类风险多来自市场上的重大变化。要应对这种风险，可尝试假设模拟计划，或设立“触发点”，在必要时检验市场环境。

◎ 偷偷出现的风险——这种风险都是慢慢酝酿出来的，可能要到非常明显时你才会发现。想有效处理这样的风险，你可能得拟订几个检查点，定期检视自己所处产业的关键变数。

想有效调整策略计划，你可以运用下列方法：

（1）列出目标与行动步骤。可依照重要性、不确定性和风险大小进行排列，这样做能提醒你时时检查重要且有风险的步骤。

（2）准备紧急应变计划。万一最糟的状况发生，你依然可以按计划行事，保证一切顺利运作。应变计划要越多越好。

（3）设定关键节点和检查点，它们可作为进度指标及逐步产生变化时的初期警示。

（4）持续定期检讨关键节点和检查点，让员工了解你很看重这样的检讨而绝非空谈。每次检讨，你都要自问下列问题：

◎ 什么改变了？什么则保持原貌？

◎ 项目是否依旧按照原先计划运作？

◎ 执行阶段中，哪些部分做得不错？

◎ 最大的机会在哪里？

◎ 该如何调整才能超越竞争对手？

◎ 产生了哪些新机会？

◎ 怎样才能越挫越勇？

◎ 还要做什么才能促进公司成长？

关键思维

我把“可接受风险”定义为公司领导人所能忍受的最糟情况。面对糟糕状况，各公司的忍受限度不同，即使同一家公司，不同时机的忍受限度也会有所不同。因此即使策略和方案相似的两家公司，也不会有相同的检查点和关键节点。假想的情况越让你胆怯，设立的检查点就该越密集。

评估检查点和关键节点能让你检视策略进展，针对未能预期和逐渐累积的变化进行调整，免得它们破坏计划。

——帕梅拉·哈波

该如何组合这套 U—N—L—O—C—K 公式呢?

实务上，这套公式多半发展如下：

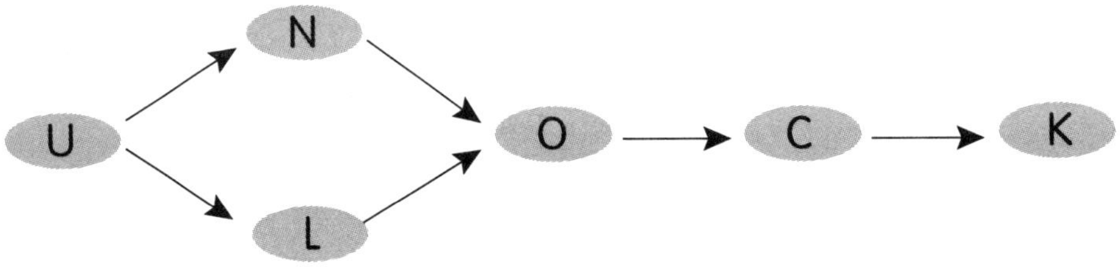

步骤 U 是了解眼前情况，知道谁该参与必要的策略谋划。请记住，唯有与自己利益息息相关的问题发生时人们才会产生改变的动力。你的任务是要找到合适的人选，让他们提出最佳的策略。

通常你可以同时尝试步骤 N 和 L，这两项步骤的重点在于尝试新策略并思考策略是否合适。在步骤 N 中，重心要放在新策略能否符合关键利益相关者的利益并获得他们的支持上。在步骤 L 中，你可以了解新策略是否符合组织主要的企业文化。这两个步骤很重要，因为企业文化和关键利益相关者都可能促进或阻碍新策略的执行。

接下来，进入最后三项步骤 O、C 和 K，你或许可以在会议中同时执行这三项步骤。在步骤 O 中，探讨计划并排定优先顺序，也可以借由沟通建立可信度（这即是步骤 C），以维持并巩固其他人对自己的支持。散会前，你还可以找出哪些关键节点和检查点能确保一切都不脱离轨道，这正是步骤 K 的精髓所在。

关键思维

你必须从别人的错误中学习。人生苦短，你不可能完全靠自己获取足够的经验。

——山姆·李文森，美国幽默大师

如果能从失败中学习，那么失败就是成功。

——马尔寇·傅比世，美国出版家

疯狂的定义就是一再地重复相同的事却期待不同的结果。

——爱因斯坦，物理学家、哲学家

在波涛汹涌的商业环境里没人能带领企业幸免于“策略堵车”的风险，然而企业却未必会因此停滞不前——你可以事前采取措施，防范或消除这种风险。方法即是找出策略和计划中潜伏的堵车障碍，然后运用U—N—L—O—C—K步骤迅速地改变企业策略和计划。在执行过程中你需要集中心力、持续努力，让这个过程适应企业独特且多元化的情况。越坚持做到这六大原则，就越能把这些原则融入组织，让应该奏效的企业策略和企业实际现状达到巧妙的平衡，加大企业获利的可能。

过去的经验已不再适用于今天。在瞬息万变的时代，原本熟悉的情况到后来往往会发展出截然不同的结果。因此，不论有多少相似的经验，也绝对要避免一见到问题或机会就立刻下结论的做法。

若不维持企业欲采用的解决方案与其他重点间的均衡，即使这些策略方案都是按照领导和管理的基本原则所拟订的，最后仍免不了陷入“策略堵车”。在瞬息万变的年代，企业需要更具弹性的应变能力。企业若高估了自己能在同一时间处理相互冲突的多项新挑战的能力，就可能丧失成功的机会。

企业成就和组织构成及行为息息相关，许多研究都支持这样的观点。还有更多研究证明，组织会展现明显的复制行为模式。只是由于身在其中，许多企业在持续进步的压力下很难看出这些模式。即便我们知道了有更好的模式，最后仍不免迫于压力而囿于狭隘的小圈子。隐藏的各种障碍导致我们忽视思考组织是否真能或愿意以符合成功的标准执行既有策略和基本原则，这就是“策略堵车”的成因。

——帕梅拉·哈波

延伸阅读

经营创新与组织变革
——21世纪台湾地区企业制胜之道

文/管康彦

这一波全球性的不景气来得又急又猛，导致全球市场快速萎缩，大部分企业的收益都呈现负增长，具有杀伤力的组织变革活动在世界各地此起彼落，裁员减薪的企业动作时有所闻，拉横幅、围厂抗议、争取合理权益的劳工冲突自然也是屡见不鲜。其实组织变革不一定需要让员工受苦煎熬。公司必须变革以求生存，但是变革不一定要痛苦万分，有时创伤越少、抗拒程度越低，变革越有效。传统的战争是一将功成万骨枯，现代的战争是军事科技结合创新战术以求速战速决。同样，21世纪台湾地区企业制胜之道，也必有别于其过去的成功经验。

首先让我们来观察一下邻近台湾地区的世界

第三经济体日本。在泡沫经济及亚洲金融风暴的双重蹂躏下，日本大多数企业仍在衰退与生存之间苟延残喘，但是仍有一些企业懂得在危机中借力使力，运用科技创新、顾客感动、企业转型、环保经营等前瞻性的非应急式的做法，带领员工在困境中逆势成长。从心态革新、流程革新、产品革新三个方面来推动顾客满意，也就是所谓的“顾客感动”或“顾客成功”。

目标宏远、经营格局大、眼光看得远、具有长效策略、勇于变革是这些企业共同的特征。它们不仅有愿景、有策略，而且用心，能掌握时机、运用方法实施组织变革、提升人力，并进一步转型，脱胎换骨，使自己立于长青不败之地，向世人证明它们的不凡之处。20 世纪 80 年代，美国的优质企业为应对经济衰退的挑战，提出了“企业再造”概念，在管理理论和实务上产生了前所未有的影响，现今的日本优质企业也正在孕育 21 世纪修正版的“企业再造”。

回过头来看看台湾地区，台湾地区的经济奇迹为世人所称羡，但是事实上，目前“亚洲四小龙”已是非死即伤。成功会导致傲慢，并产生创新与变革的阻力。成功的企业往往在不知不觉中被自己的成功经验所腐蚀，由成功衍生而出的企业文化不但不能鼓励反而会刻意压抑企业内任何挑战传统的“杂音”。

“不创新，便等死！”这是新经济时代下大家耳熟能详的一句话。创新不仅是指新产品的开发，还包括市场的创新以及管理的创新。企业的负责人必须让创新内植于企业文化之中，并且以身作则来创建公司追求创新的环境与气氛，让组织机制来培育企业的创新能力，而不是单靠天才或机运。创新最具体的表现是产品的卓越性。目前产品的生命周期日益减短，研发时间已经因急速被压缩而递减，组织能创造利润的销售期也越来越短，避免陷入微利时代价格战的一条生路就是创新。

若没有好的创新，企业未来必然不断地衰退。若一家企业不能有效地变革转型，就可以判定该企业缺乏执行力以维系企业的竞争力。因此经营创新与组织变革就成了企业能否持续生存发展的关键：创新决定存亡，变革决定成败，管理决定盈亏。在21世纪，为了应对变化，通过创新与变革重整组织与提升竞争力是必然的选择，拥抱变革才能生存。

不景气时代正是企业练功的最佳时机。21世纪台湾地区的企业除了须在传统领域巩固其原有的领导地位外，更须以稳健的步伐朝高附加值的知识产业领域发展。这需要企业进一步经营创新与组织变革，积极培养自主研发实力，掌握关键性技术，在完整且反应快速的组织架构下，以高度敏锐的市场嗅觉，有效整合企业内外资源，针对顾客需求作提案式的主动经营，进一步赢得客户的信赖，以开创能促进企业无限成长的契机。

作者简介

管康彦，美国西北大学组织管理学博士。教学领域与研究兴趣为组织设计与变革、组织再生、企业改造。

展现顶级执行力

The Execution Premium

Linking Strategy to Operations for Competitive Advantage

原著作者简介

罗伯特·卡普兰（Robert Kaplan），毕业于美国麻省理工学院和康奈尔大学，现为哈佛商学院教授，研究领域为运营策略与绩效间之相关性，曾发表数百篇研究论文，在各大财经平面媒体发表专门文章，并著有14本专著，包括《平衡计分卡》《以策略为核心的组织》《策略地图》以及《策略校准》等。

大卫·诺顿（David Norton），毕业于美国伍斯特理工学院、佛罗里达理工学院、佛罗里达州立大学以及哈佛商学院，企业管理顾问、学者和演讲家，曾任复兴方案国际顾问公司和诺兰诺顿顾问公司总裁，现为百略达集团创办人，也是平衡计分卡团队顾问公司总裁，该公司专门运用平衡计分卡协助企业落实策略。诺顿与卡普兰共同提出平衡计分卡的概念，并合著有《以策略为核心的组织》《策略地图》以及《策略校准》。

本文编译：王约

主要内容

关键词解读

策略地图

策略地图是管理逻辑的具体呈现——把公司要执行的策略逐步展开，在每一个细节上都建立可量化的标准，再根据量化的数据来检验企业达成策略的实效。将整套管理逻辑整理成类似流程图、呈现由上到下铺展开来的企业行动的图形就称为策略地图。

有无数的百货公司都在追求低成本的运营模式，但只有少数公司能确实执行这套管理逻辑并取得成功。沃尔玛的策略地图正是其保有长期竞争优势的原因。沃尔玛的策略是以低成本的方式从乡村包围城市来设点。为了控制成本，它压缩存货面积，降低存货空间，建立大型发货仓库并以耐用品经营为主，再搭配快速反应的运输车队，由强大的信息系统指挥货物配送。沃尔玛这一系列的管理逻辑——乡村包围城市、减少存货面积、建立发货仓库和信息系统形成了沃尔玛卓越财务绩效的基础，也助其成为全世界最大的百货连锁店。

美国西南航空最初的愿景就是要让所有人都可以享受到低价航空的便利。在所有航空公司中，美国西南航空是唯一一家客机皆为波音737机型的公司，客机标准化为美国西南航空带来的效益是快速检查、快速整理、快速加油，这些作业程序让飞机可以在降落20分钟之后就再次起飞。美国西南航空统计后发现，光是让飞机在20分钟内再次起飞就可以省下购买35架飞机的成本。公司将节省下的成本以便宜的机票和高额的股利直接回馈给消费者与股东。美国西南航空以低成本的运营策略在竞争激烈的美国航空市场开拓出一片蓝海。

整合组织

一份由卡普兰教授所作的调查指出，在评估企业组织中有多少员工清楚了解企业愿景时，高层主管中有70％了解，中层主管中有40％了解，而基层员工中仅有3％了解。然而，当公司需要扩大产品线或者对流程进行变革时却需要全体员工共同参与策略的执行，公司的愿景也必须分解成具体的目标由一线员工完成。因此，一线员工不仅要了解自己的工作，也要了解企业的长远目标，这样才能通过不断创新去巩固企业的竞争优势。

信诺保险集团的财产及意外险事业处（P&C）在1993年因一连串灾变而支付了巨额的保险赔偿，新的经营团队在当年随即引入了平衡计分卡，协助各事业单位推行新策略。新团队首先将愿景量化为“在5年内，排名要进入业界的前1/4”，接着以精确的数字对愿景作更具体的表达。保险业惯用综合比率“（理赔支出＋营业费用）/保险费营收”来代表获利能力，总裁杰拉德·艾森姆提出了聚焦在特殊竞争领域中发展的方针，取代原本多元产品线的经营策略；P&C部门设定了4项具体的策略主题：管理保险经纪人、聚焦在目标市场、强化核保流程、组织整合。有了明确的策略主题，组织内的成员就能了解该如何做才能实现愿景，并且聚焦在实现愿景的行动上。5年后，信诺P&C的获利能力已在业界居于领先地位，所属的事业单位绩效表现也排在市场的前1/4，达成了企业愿景。

5分钟摘要

打造“卓越执行力”

“卓越执行力”具有非比寻常的价值，当企业厘清自身的策略并证实自己有能力在市场上贯彻执行这套策略时就能创造出这项价值。卓越执行力会以各种方式展现出来，如企业股价上涨、营收增加、品牌认知扩大、顾客忠诚度上升或员工投入的程度提高等。要能系统化、一以贯之地将策略形成与运营执行联结起来，必须历经以下6个阶段：

（1）拟订策略——要能清楚而具体地说明你所从事的业务内容以及你的理想策略是什么。

（2）规划策略——利用工具制订出架构分明的评价指标和方案，用以作为行动和资源分配的圭臬。

（3）整合组织——使其能配合你所选定的策略。

（4）规划运营——使日常运营和长期策略能互相吻合。

（5）追踪和学习——以便确认策略是否确实实行，并且在必要时加以修正。

（6）测试和修正——持续挑战你的策略假设，并在必要时进行调整。

若能把这6大策略整合成一个循环系统，你就能有更大的机会实现“卓越执行力”。

关键思维

策略开发以及策略与运营间的联结是临时、多变而没有条理的。根据现有的各式策略和运营工具来看，我们认为企业只要能采取系统化的方法将策略和运营结合起来，就会获益良多。建立经过充分整合的周全管理制度，可以帮助大多数企业克服在设法实行策略时所经历的困境和挫折，尤其是革新的、转型的策略。

——罗伯特·卡普兰　大卫·诺顿

一　拟订策略

确定你的组织采用了一切可用的策略工具，并且能确切说明下列事项：

◎ 你所从事的业务内容。

◎ 你所面临的关键问题。

◎ 最有效的竞争方法。

各企业的管理团队每年最起码要集会一次，更新企业策略，为应对市场发展作必要的改变。如果公司的现行策略成效良好，那么只需要稍作调整；而如果市场发生重大变化，那可能就要制订全新的策略了。

在每年的策略研讨会议上，你可以进行下图中的前两个步骤，构建组织未来 5 年的策略规划：

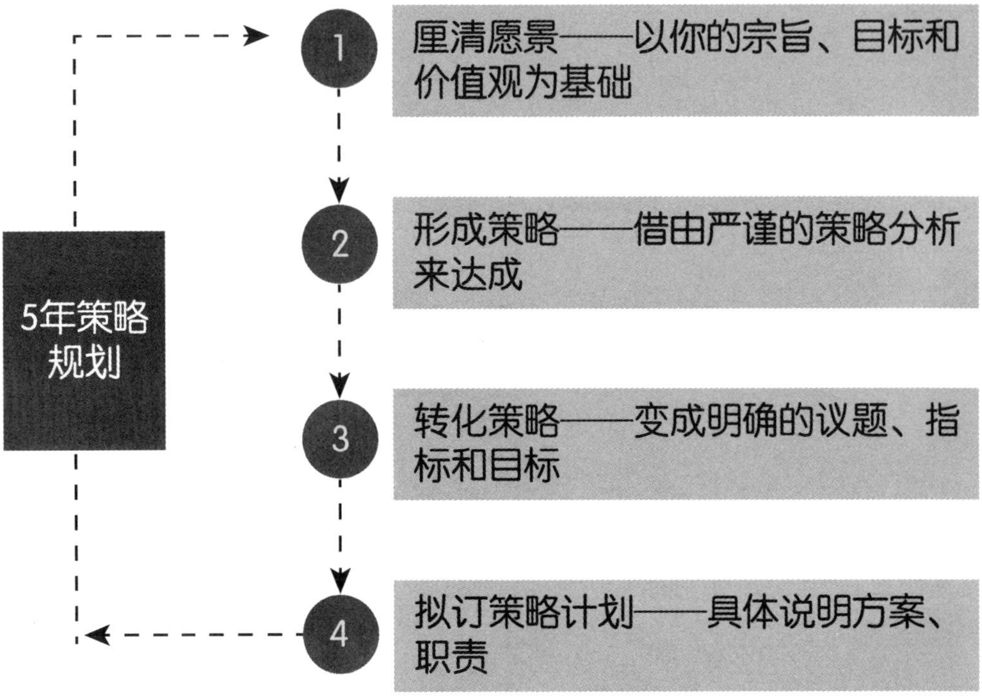

（1）厘清愿景。也就是说，在你努力设法规划未来的策略时，首先必须在某些基本议题上建立共识：

◎ 公司的立意或宗旨为何？

试着拟出宗旨，以一两句话来陈述公司成立的理由，以及你要如何为顾客创造价值。

◎ 以哪些价值观为行动的圭臬？

拟出书面的价值观，明确指出你希望公司上下展现的态度、行为和特质。

◎ 你对未来的愿景是什么？

在未来3年到10年，你希望达成的中、长期目标是什么？这类宣示最著名的例子就是由美国前总统约翰·肯尼迪在1961年提出的“在10年内让人类登陆月球并且平安返回地球”的目标。这项宣示不仅鼓舞人心，也清楚界定了成功的评价标准和完成时限。

清楚界定并更新愿景之后，你就能分析哪些策略需要加以修正才能达成自己理想中的成果。你也可以比较自己所处的竞争态势，以及你在新兴产业趋势与市场变迁之下居于什么位置，借以评估自己的表现如何，这可能需要进行SWOT（优点、缺点、机会和威胁）分析。

（2）形成策略，根据组织的资源、沿革和运营结构等决定你要如何达成目标。形成策略最主要的方法有以下几项：

◎ 专注于特定顾客群，并判断采取低成本策略还是差异化策略以赢得顾客。

◎ 采用蓝海策略，锁定全新的广大客户群。

◎ 与顾客合力共创价值。

◎ 进行情境规划。

◎ 利用正式的策略地图作为策略选择的指引。

选定要采用的策略之后，运用 OAS（目标、优势、范围）架构来明确成文。举例来说，美国西南航空公司的 OAS 策略如下：

O：成为获利最佳的美国航空公司

A：以公共汽车或火车的票价提供航空客运服务

S：锁定既具价格敏感度又要求高品质的客户群

此外，你还要针对各项策略拟出策略执行方向。这些执行方向要明确说明：

◎ 具体的策略目标。

◎ 必须做好的几项关键行动。

◎ 评价绩效的方法。

必须注意的是，要厘清愿景并形成策略，前提是你要评估组织是否有必要进行渐进变革或彻底转型。基本上，只有在现行策略明显无效或者市场发生剧烈变动时，才有必要作重大的转型。最常引发转型的状况有：

◎ 当现行策略已经造成大幅亏损而且看样子还会持续下去时。

◎ 迎来新领导人，尤其是从组织外空降新领导人时。

◎ 科技发展有所变化时。

◎ 总体经济因素变动，譬如原料价格骤升、汇率波动等。

◎ 政府法规发生改变，如取消市场管制，导致新竞争对手进入市场等。

二　规划策略

制订策略目标、评价指标、短期目标和执行方案等，可使用下列工具：

◎ 策略地图

◎ 平衡计分卡

◎ 执行团队

在第2阶段，你要在第1阶段的基础上继续努力，尤其是要采取下列做法来进行拟订组织策略计划的步骤3和步骤4：

（3）转化策略——将策略变成明确的议题、指标和目标，然后根据这些议题，将策略转化成策略地图。可用工具有平衡计分卡和策略地图：

①平衡计分卡可以显示出企业如何使内部流程实现卓越，借以创造价值。它采取的是下面4个观点：

◎ 财务观点——股东对绩效的期望。

◎ 顾客观点——对所创造价值的看法。

◎ 内部观点——必须力求完善的流程。

◎ 学习与成长观点——整合无形资产。

②策略地图则是以具体可见的方式呈现平衡计分卡中显示的因果关系。从策略地图可以看出组织的有形资产与无形资产如何整合，从而为组织创造新的价值。

要转化策略，你要将自己选定的策略进行拆解，包括以下几项：

◎ 长期目标——简要陈述你的策略要达成什么结果。

◎ 评价指标——可以用来判断自己是否成功的具体指标。

◎ 短期目标——必须达成的绩效水准或改善程度。

③拟订策略计划，即想出一套策略方案，借以达成你理想中的改变。策略方案会促使策略付

诸实行。如果你的策略是组织希望达成的“目标”，那么这些方案就是达成目标的“方法”。

策略方案有别于组织目前的日常运作，它是一系列额外的项目，具有明确的时限和预算。实施策略方案是为了保障组织达成预定的绩效目标。

要研拟出有效的策略方案，必须做到下列几点：

◎ 选定一整套适当的策略方案，即跟公司宗旨、目标和价值观相吻合的方案。使用平衡计分卡等工具，可以帮助组织有系统地找出合适的方案、列出先后顺序并且付诸实行。

◎ 为策略实施提供资金支持，针对新的策略支出编列明确的预算，并将资金分配给各项策略方案。这项预算必须和各运营单位的预算分开编制。如果策略方案和现有的运营方案竞争资源，那就很难产生新的成果。所以，必须要针对新的策略方案编列独立预算。

◎ 划分职责——明确各个项目分别由谁负责并承担项目绩效的责任。如果某个项目横跨多个部门和事业单位，那么项目负责人就必须是高层主管，否则将会一事无成。另外要切记，除非在运营和流程上实际达成所有必要的改变，否则各项方案将见不到任何成效。

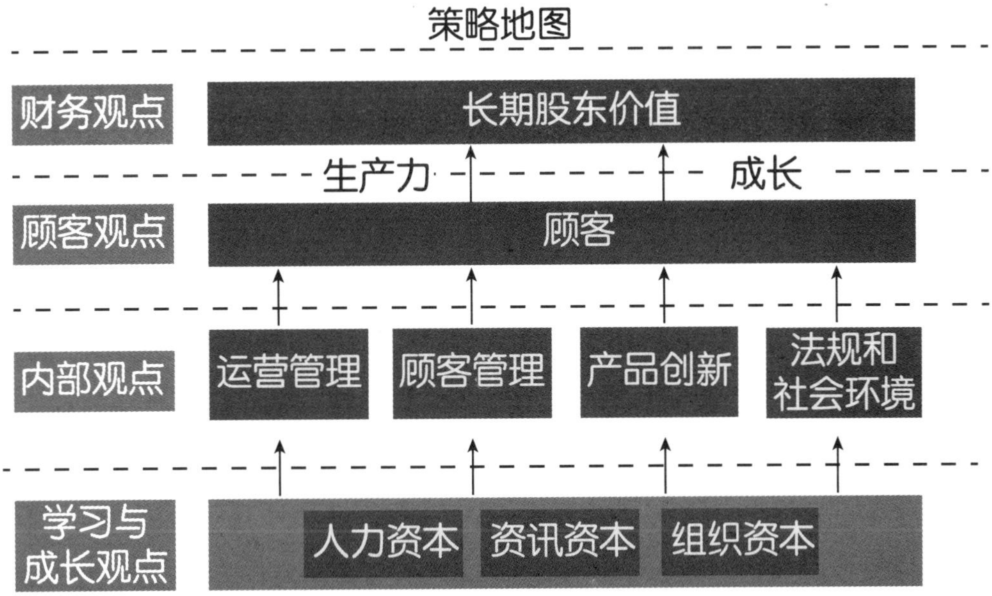

平衡计分卡

长期目标	评价指标	短期目标
·××××××	·×××××× ·××××××	+× ×% +× ×%
·××××××	·×××××× ·××××××	+× ×% +× ×%
·××××××	·×××××× ·××××××	+× ×% × months
·××××××	·×××××× ·×××××× ·××××××	+× ×% +× ×% +× ×%

策略计划

方案	预算
·×××××× ·××××××	$× × × $× × ×
·×××××× ·××××××	$× × × $× × ×
·×××××× ·××××××	$× × × $× × ×
·×××××× ·×××××× ·××××××	$× × × $× × × $× × ×
总额	$× × ×

关键思维

虽然 6 大策略管理阶段之中没有任何一个阶段明确要求高层主管具有强大的领导力，但这项要件却遍及各个阶段。若组织高层没有强有力的领导力，那么就算建立了周全的管理制度，也无法取得突破性的表现。

其实目前有许多现成的工具可以用来有效执

行策略，例如策略地图和平衡计分卡等工具都已经推出 10 年以上，可供企业使用。几乎所有企业也都会使用运营工具来管理品质、提升流程，如企业仪表板、作业基础成本制等常用工具。但目前缺乏一种完整的架构可以整合上述工具，使其能够目标一致、协力运作。为此我们提出一套完整、循环的 6 阶段管理制度，有助于企业执行策略。

领导人的个人魅力和管理的艺术这两股力量都非常强而有力，而且常常奏效。然而，仰赖个别领导人所达成的绩效往往难以长期维持。除非组织能够把策略、公司治理和运营流程都串联起来，否则将无法保持成功。

——罗伯特·卡普兰　大卫·诺顿

三　整合组织

组织至少要做到以下3件事，把公司的策略和各个事业单位的策略联结起来：

◎ 整合事业单位的策略。

◎ 整合所有后勤单位资源。

◎ 激励员工并整合人力资源。

大多数组织都是由多种事业单位以及数个后勤单位构成，要执行任何新策略都必须按部就班地让组织上下齐心协力朝同一目标努力。除了要整合各个事业单位和后勤单位之外，还要整合各单位的人力资源。

这样的整合需要从垂直与水平两个方向来进行：

（1）垂直整合指各事业单位和后勤单位都能为组织的高层策略目标作出贡献，同时也要实施基层策略，在各自的目标市场上获得成功。

（2）水平整合能使组织享有综合效率（简称“综效”），但前提是各事业单位需要充分合作并达成下列事项：

◎ 带给顾客完整的体验与价值。

◎ 强化品牌价值。

◎ 形成规模经济。

◎ 共享知识和最佳实务做法。

◎ 提供良好的培训和职业生涯发展机会。

要做到垂直及水平整合，最有效的方法之一就是综合运用策略地图和平衡计分卡，具体做法如下：

（1）总公司具体说明公司的价值主张并且用策略地图和平衡计分卡加以阐释。

（2）各事业单位陈述各自的价值主张并调整公司的策略地图和平衡计分卡，以兼顾自己所处市场的需求和单位的需要。

（3）所有其他的服务单位也都要根据公司的

策略地图和平衡计分卡设法将成本降到最低，并支持公司和各个事业单位的策略。

（4）让员工明确了解公司的要求，然后实施激励和奖励方案，鼓励员工全力以赴达成战术层面所要求的绩效表现。

综合运用这两种工具整合组织，优点非常明显：

（1）当各事业单位共同实行公司清楚一致的策略时，各种综效就会产生：

◎ 财务综效——组织上下都能有效运用资金。

◎ 顾客综效——产生一致的客户体验。

◎ 流程综效——发挥规模经济的优势。

◎ 学习综效——专业知识会扩及组织各处。

◎ 平台综效——善用共同的科技。

（2）当后勤和其他服务单位制作出自己的策略地图和平衡计分卡用以强化运营单位的策略时，庞大的新效益就会应运而生。如果后勤单位清楚了解企业和运营单位想要达成的目标，就能构思出一套与目标密切相符的服务体系。这样可以减少传统上因为缺乏整合所造成的浪费，使后勤单位变成运营单位的重要盟友，这当然是正面的发展。最起码，运营单位和后勤单位会为共同目标齐心努力。每个单位都清楚其他单位如何作出贡献，就会带动全员士气。

（3）员工在下列情况下通常会感到士气高昂：

◎ 了解公司所采用的策略。

◎ 奖励措施和该项策略之间有明显关联。

◎ 公司提供适当的培训和职业生涯发展计划。

综合运用策略地图和平衡计分卡能够在这方面发挥非常好的效果。这两项工具非常适合企业用来与员工沟通，向他们说明公司希望见到什么样的成果，这种沟通还可以塑造企业内部的文化。当奖励制度和计分卡的评价指标联结起来，员工自然就会积极重视策略的细节。这样的联结也等于宣示公司在认真执行计分卡中呈现的策略。如果再为员工提供参加培训的机会，帮助他们培养出有助于达成卓越表现的能力，就会产生强有力的良性循环。员工会变得更有动力，为所属的事业单位和公司作出更大贡献。

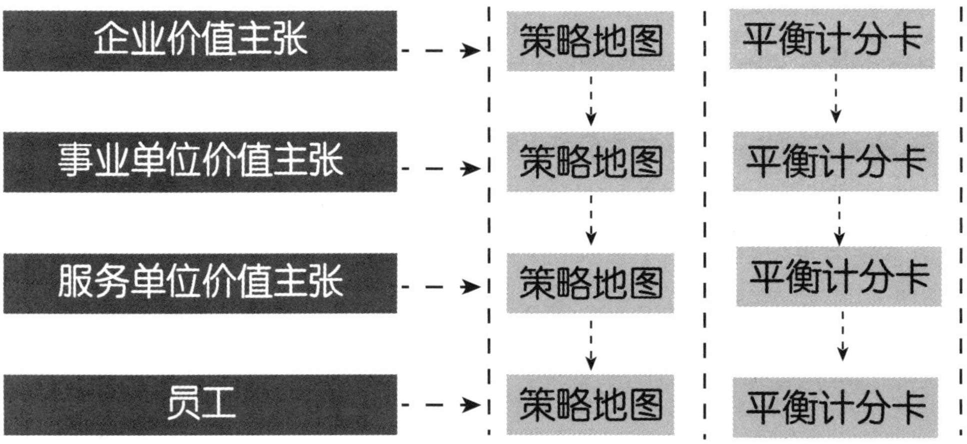

关键思维

组织里各运营单位和其人力资源能否有效整合，攸关策略能否成功实践。策略和目标一旦确定，就要马上进行整合和沟通。

——罗伯特·卡普兰　大卫·诺顿

四　规划运营

通过下列行动，组织可以将长期策略和日常运营切实联结起来：

◎ 改善关键流程。

◎ 拟订资源整备计划。

◎ 整合预算。

有些组织之所以能有昙花一现的优异表现，纯粹是靠领导人的个人魅力和经理人的聪敏。如果你希望组织能持续取得长期的优异表现，就需要建立正式的管理制度。

要在长期策略和日常运营之间建立合适的联结，可以采取下列3种方式：

（1）改善关键流程或使运营流程的改善和组织的关键策略要务更有效联结。这点必须持之以恒地去做，不能只是一次性行动。改善关键流程要以组织的价值主张为依据：

◎ 企业若以低成本为价值主张，则应全力降低成本、改善品质，并缩短所有必要供应链的循环时间。

◎ 企业若专注于为顾客提供完整的解决方案，则通常要全力改善用来加强顾客关系的流程，包括交叉销售方案以及更深入的顾客需求分析。

◎ 企业若采用创新策略，则要找出最适合的方式来调整和改善创新和产品研发流程。

找出哪些策略流程最可能造成明显的改变，然后努力改善最适当的策略流程。

（2）拟订资源整备计划。为此，你可以采用“管理仪表板”即时查看目前的经营状况。“管理仪表板”结合了多项重要指标，可以让经理人了解各项流程的运作情况，也能帮助他们判断公司在特定时间的表现是优还是劣，找出出现瓶颈的方面。同时，它也可以让员工从经验中学习，让每天努力改善资源使用效率的经理人有资料可供参考。如果能让组织上下一致运用，就可以将公司内某个方面的最佳实务做法妥善应用到其他方面。

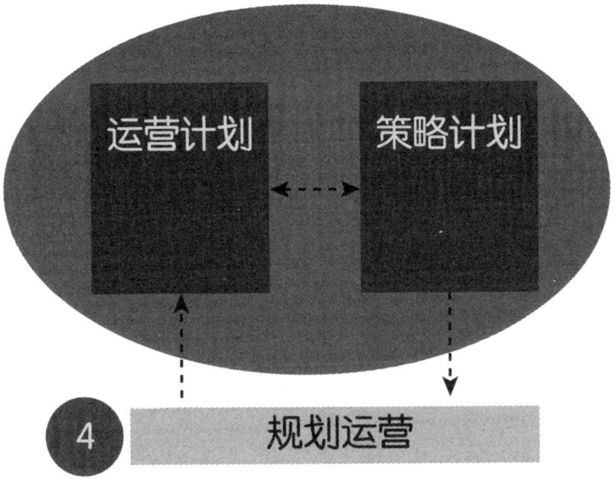

（3）整合预算。换言之，就是要让所有资源整备计划、运营计划和预算都确切反映公司策略的方向和需求。要联结运营计划、策略计划和运营预算，必须采取以下5个步骤：

◎ 作出未来几期的销售预测。

这些销售预测可以由经理人作主观判断——以过去的趋势为基础，再视预期发展作修正，也可以通过分析带动销售的主要趋力来作预测。根据经验来看，综合上述方法去进行分析会比较理想。

◎ 把预测目标转化成销售和运营计划。

这些计划要能明确指出各项产品所要生产、销售和铺货的数量，也要详细预计顾客交易的质与量，这样便可以用详细的运营计划来拟订资源整备计划。

◎运用预测目标来推算资源整备量。

在这方面，企业必须采用以时间为导向、以作业为基础的成本模型。从实务上来说，这种成本模型会参考每一种原料的供应成本以及处理顾客交易所需的时间，得出个别原料资源在未来应有的需求。按照这种方式，企业就能预知未来可能在哪些地方发生资源短缺的现象，因此可以根据预知的状况开始筹备所需资金，用以在未来度过瓶颈。

◎ 将资源供给转化成财务报表。

一旦经理人了解到未来需要的资源供给量，就可以计算出公司的运营费用和资本支出，做好财务规划方案。研究、开发、广告、培训等额外支出项目，也都可以计算进去。

◎制作公司的损益表。

到了最后这个步骤，管理层已经能预测公司未来损益表的状况。损益表可以以事业单位来区分，也可以以产品、服务、顾客、渠道、区域等来区分。

这套流程的重点是切实转化运营规划——从策略计划转换成运营计划，最终再转化为财务报表。这套整合的方式可以使资源整备量、运营计划和预算确切反映出公司所选定的策略方向与需求。

五　追踪和学习

定期追踪公司绩效以了解组织的执行状况，并将此纳入以下两项重要的组织会议：

◎ 运营检讨会。

◎ 策略检讨会。

在公司的策略和运营计划拟订出来之后就要着手执行了。你必须定期追踪执行状况，并随时作一切必要的调整，你可以通过一系列规划严谨的会议来做到这点。

下列两项会议必不可少：

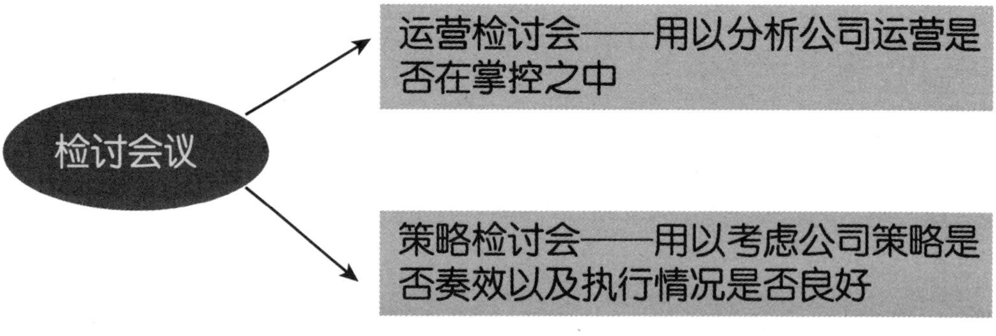

这些会议不仅着重的方面不同、与会人员的组成不同，而且举行的时间间隔也不同，因此一定要将这两项会议完全区分开来，不能混为一谈。

两项会议必须涵盖的重点分别是：

（1）运营检讨会，通常以负责业务或流程的部门为单位召开。参与会议的人员通常要对自己的领域学有专精，而且对于会议主题非常了解。运营检讨会应该经常举行，开会所需的资料通常是“运营仪表板”上所呈现的公司近期绩效表现。

除了评估短期绩效，运营检讨会通常还要解决那些需要立即处理的问题。大多数运营检讨会都是简短、高度聚焦而且以行动为导向的。只要讨论完眼前的问题、拟出行动计划、协调出该由谁负责实行计划，大家就会马上回到各自的岗位。

之前的运营检讨会有一大部分时间花在报告

资料上，而在今天的经营环境下，所有与会人员往往都能够在开会之前就充分获悉资料内容。这样，珍贵的管理时间就可以花在解决问题上，也使大家都能先作好准备再来贡献想法，而不只是来了解状况。有些企业已经发现，如果所有人都站着而不是坐着开会，运营检讨会的成效会更好。这也清楚无误地宣示，会议的目的不是要与会者被动聆听，而是要大家积极参与、解决问题，然后继续行动。

（2）策略检讨会是与运营检讨会完全不同的会议。与会者在这些会议中要讨论的是：

◎ 策略执行是否顺利。

◎ 任何需要大家重新思考策略的新兴市场风险。

◎ 在执行策略时所出现的问题。

◎ 策略是否需要进行任何修正。

◎ 要由谁负责后续工作。

有些企业会每个月都召开策略检讨会，也有

些企业一个季度或一年才举行一次。普遍的共识是最好每个月举行一次这类会议，因为这样可以迫使经理人每个月都花一些时间去思考长期计划，而不是完全关注于短期问题。

和运营检讨会一样，策略检讨会应该尽量少安排时间听取绩效报告，而要用更多时间来讨论、解决问题和提出可能的行动计划。开会资料应该在会前就放在网络上，以便大家先作好准备。经理人应该充分利用会议讨论自己建议的行动方案，而不是通过会议来让大家了解方案内容。

哪种检讨会议程比较有效？这通常会因组织而异。但如果根据平衡计分卡来拟订会议的议程，那么议程必须具备两项元素：

◎ 本次策略检讨会的讨论内容。

◎ 在会与会之间应该要做到的事项。

在会与会之间	在会议中
拟出所要讨论的 新旧策略问题	拟订行动计划 60%
检讨业绩并找出问题 ·探讨失常现象 ·提出可能的解决方案	讨论行动计划的含义 30%
时时追踪 组织绩效	检讨组织的绩效 10%

六　测试和修正

定期举行策略测试和修正会议，持续挑战你的策略假设，确保自己采用了最理想的策略。

显然，并非所有的长期策略都会带来获利。每当你拟订一项策略时，都是以一系列假设为依据——假定什么可行、什么不可行。这些假设当中有些可能正确，有些则不正确。你必须暂时抛开执行的问题，挪出时间来验证策略的可行性。这是在公司力求不断进步的过程中，调整和修正策略的机会。

至少每年（最好是每季度）召开一次会议，借以进行下列事项：

◎ 深入而仔细地评估现行策略的成效。

◎ 分析各种外在环境变迁所带来的影响。变迁包括市场变化、竞争对手的动作、法规的改变或新科技的问世等。

◎ 将现行策略的获利能力跟之前的预测作比较，了解两者的差异。必须判断之所以产生差异是因为策略有瑕疵还是因为策略执行不力。

◎ 研究并考量运营单位的意见，也就是实际执行策略的人所见的策略成效。

◎ 讨论市场上即将发生的任何政治、经济、社会、科技、环境或法规的变化可能对你的公司策略造成的影响。

◎ 分析产业趋势、相对市占率、竞争对手的行为、可能的科技变化、市场区域的成长率以及顾客喜好的改变，讨论这些改变可能带来的影响。

◎ 考量员工贡献的新构想。

经过这种策略测试和修正会议的讨论，会有3种结果产生：

可能的结果

1. 你可能会根据最新的目标和新策略方案再次确认现行策略
2. 你可能会调整某项要素，将策略稍作调整
3. 你可能会决定舍弃现行策略，开始拟订新策略

各企业的领导团队每年至少应该召开 1 次这类会议，并决定采取三者之中的哪一项方案来更新策略。

那么，该如何以量化方式分析并测试现行策略的获利能力？显然，所赚得或损失的获利是一项明确指标，大多数企业都会使用两项主要的分析工具来检讨策略的获利能力：

（1）作业基础成本和获利模型——为企业制作的经济地图。简单地说，这种分析能显示出公司在哪些领域赚钱，在哪些领域赔钱。只要一一

比对各项产品的成本和它们所带来的营收就可以得出结论。这样的分析可以看出哪些产品和哪些顾客会带来获利、哪些不会，公司就能运用适当的策略，生产更多有获利潜力的产品，卖出更多产品给获利潜力最大的顾客。

（2）企业的统计财务模型——依据公司的平衡计分卡和策略地图上各项变数的优劣来建立。策略地图的基本假设是，改善学习和成长的评价指标，应该能使公司改善流程的评价指标，最终改善顾客与财务的评价指标。你得能测试这些联结是否如愿产生，也要能测试不同变数和结果之间的关联性。这种种测试综合起来就可以检验出你的策略是否有效。

策略测试和修正使得策略和方案可以定期进行修正、调整。这么做可以让企业应对环境变动并作出调整。经理人也能了解到策略成功的方式和原因，并据以应对；还能借此评估员工所提出的各种提议，以找出公司应该采用的构想。

关键思维

CEO们宁可采用企业能够完美执行的次好策略，也不要用大家都无法了解也无法执行的绝佳策略。完美执行必须要有完善的管理制度，它们能帮助公司持续改善策略执行的成效。

执行策略，必须把策略方案和流程改善计划加以整合。

——罗伯特·卡普兰　大卫·诺顿

七　卓越执行 6 阶段计划

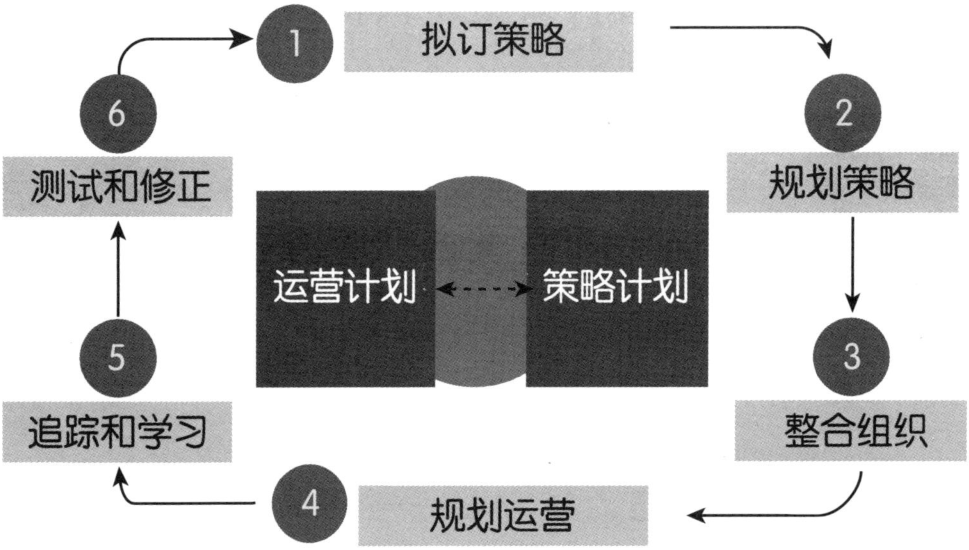

总而言之，实现卓越执行力的这 6 大管理步骤可以说是一套完整而全面的循环系统，能有效地将策略规划、执行和持续修正串联起来。要让这套系统顺利运转，需要组织内多部门之间的高度协调与合作，而这点通常很难做到。而且，策略执行的流程有些可能是全新的，在组织内部没有明确的所属单位或流程负责单位。这时，就需要建立新的流程负责单位，这个单位可以称为“策略管理办公室”（简称 OSM）。在绩效卓越的企业中，OSM 可能扮演下列 3 个重要的角色：

OSM可能会扮演的角色

1 建筑师——OSM可以设计并指明各种必要的策略运营管理流程，用以让策略执行系统顺利运作。负责的工作包括界定管理架构、制订各种规定并清楚说明各单位要扮演的角色

2 流程负责单位——OSM可以界定、规划并监督所有必要流程的执行情形。在这个角色上，OSM会负责：

- 拟订策略
- 规划策略
- 整合组织
- 视需要测试并进一步修正策略

3 系统整合者——可以把现有的流程结合起来，根据策略加以整合。这么做必须和内部现有各流程的负责人密切合作，OSM所扮演的系统整合者则要建立联结、加强沟通，并使最佳实务做法能够切实分享给组织上下。

从逻辑上来说，执行策略往往需要靠CEO推动变革。因此可想而知，OSM要发挥最大功效，就要能直接接触到CEO，或是由CEO直接管辖。如果你想把OSM深深埋在财务或企划部门之中，就很可能一事无成。有效的OSM往往直属于CEO，并担任类似将军身边参谋长的角色。

要安排什么样的人才进入OSM也是一个问题。OSM的创始成员往往是来自企划和财务部门、对平衡计分卡和策略地图都熟悉的经理人。选用这样的人员还有另外一大好处，那就是他们除了专业能力突出之外，还对公司了解甚深。这使得他们能在组织追求卓越执行力的过程中扮演好推动变革的媒介角色。

还有一个选择是将OSM当作组织内培育新高层管理人才的单位。如果资历尚浅的经理人认为在OSM服务个几年可以让自己更受瞩目、资历更显赫，他们就会热衷于这项任务。如果企业规划改成主要以 OSM 为核心，就会产生新的成效。这样做也可以减少其他部门中原本负责资料搜集和报告的人员名额。当然，OSM 真正创造的价值是在企业执行策略并且达成卓越执行力上，而不是减少人员以省下支出。

关键思维

虽然开会频率、与会人员和议程各有不同，但是运营检讨会和策略检讨会还是有共通的特性。会议的开始和结束都要准时，都要强制要求与会人员出席，让大家对彼此建立起信心与信任，并让每位与会者了解他们之所以受邀出席，是因为他们具备了重要的知识和经验，能够有所贡献。这些会议都是以资料为导向的，与会者都要事先研读相关资料。在会议中他们需要把时间用来解决问题、学习和规划行动，而不是被动地聆听报告。这些会议会鼓励所有与会者开诚布公地参与讨论，不分层级高低。领导人都会强调，重点在于判断“什么是对的”，而不是“谁是对的”。与会者对于他们全体要执行的策略假设要达成共识。

我们从策略地图和平衡计分卡可以明确看出组织策略所依据的是哪些相关的假设。可是即使有了好的地图和计分卡，还是无法保证策略一定能够成功——这除了与企业能否执行策略有关之外，也受制订策略所依据的假设和假说是否正确影响。运用平衡计分卡执行策略的主要优点在于，企业可以定期利用计分卡的资料来评估策略的前提假说是否正确。

有效地执行某项假设错误的策略，会同样有效地使企业失败。因此，各家企业每年都要至少召开 1 次特别会议或者尽可能每季度召开 1 次会议（视产业内竞争、科技和消费者动态改变的速度而定），用来评估公司策略的成效，并考量近期外在环境变化所带来的影响。会议的结论可以用来再次确认现行策略，决定是将策略稍作调整还是拟订新的转型策略。

我们建议，要赋予 OSM 责任与权力，使其能根据这个知识体系来管理和协调各项策略执行流程。作为建筑师，OSM 会同步推动企业建置完善的管理制度；作为流程的负责单位，OSM 主要负责掌管许多新推行的策略执行流程，同时担负规划策略的责任；作为整合者，OSM 必须让所有流程，举凡由财务、人力资源、资讯科技、质量管理、沟通和知识管理等专家负责的流程，都确实依据策略目标整合起来。OSM 是以往策略执行上所缺漏的联结机制，负责掌管许多新的管理流程并且整合目前如多头马车般的流程。OSM 能使企业借由策略赢得卓越执行力，也能善用 CEO 和高层管理团队成员的时间与注意力，使各项必要的管理流程同步得到成功执行。

——罗伯特·卡普兰　大卫·诺顿

除错检查表

让你远离错误、疏忽、意外

The Checklist Manifesto

How to Get Things Right

原著作者简介

阿图·葛文德（Atul Gawande），美国波士顿外科医师、《纽约客》杂志主笔、哈佛医学院及公共卫生学院助理教授，同时也是美国白宫最年轻的健康政策顾问、影响奥巴马医改政策的关键人物，2006 年获美国文化界最高奖麦克阿瑟奖，2010 年入选《时代》杂志全球百大人物。

本文编译：林俊宏

主要内容

主题看板

不犯错，从检查做起

我们每天都有忙不完的事务及等待决策的问题，如何在繁忙的生活中厘清思绪，作出适当的处理和判断？最简单且有效的方法就是开列清单，然后一一检查确认——这个观念一点都不新鲜也不深奥，但你做到了吗？

本章作者阿图·葛文德是一名医师、畅销书作家，也是位讲故事的高手。一个看似简单的概念，在他讲述的一个接一个的故事中，变成一个个鲜活的案例，在盖大楼、开飞机、动手术中充分展现出看似平凡无奇的检查表如何在高度紧张及精细分工的现代社会扮演重要且关键的角色。

从个人到社会，从企业到政府，原本完全可以避免的失误每天都在发生。犯错的代价可能只是小小的麻烦，也可能是重大生命或财产损失。

在我们习惯依赖记忆的情况下，越来越多的经验表明，错误经常发生在再熟悉不过的事务中，往往一个小小的错误就可能引发一场大灾难。我们需要建立一套除错检查表，将隐藏在细节中伺机而动的恶魔一一除尽。

检查表的特点是能将所有事务转换为可检核的项目，它可以分成各种“提醒”（边读边照着做）或是“检核”（做完之后打钩）；内容从基本、必要的项目到常见的错误或异常状况，每一个项目都是经验和知识的结晶，能确保所有环节正确无误。

检查表不仅适用于例行、重复性的工作，也可以用来应付紧急的突发状况。它同时也能成为团队合作中有效的沟通工具——越是庞杂的沟通协调，越需要清楚明确的检查点。通过每个检核动作，组织可以确认所有细节是否完成。

虽然检查表成效显著，但抗拒使用它的人仍大有人在——许多专业人士认为使用检查表有损他们的专业形象。然而，时至今日，各行各业遭遇的问题的复杂度早已超过个人所能承受的负荷，而且事实证明，免除不必要的人为疏失，才更能充分展现个人的过人本事和英勇胆识。

现在就为生活和工作整理出检查表，协助你充分运用既有的经验和知识把事情做得更好吧！从最常疏忽的事务着手，持续使用并改善修正——检查表越精良，就越能提升你的生活品质和工作效率。

5分钟摘要

化繁为简、执简御繁的解决之道

网络时代将人类文明推向一个新的阶段，人们面对的问题也越来越复杂。但复杂的问题不一定要用复杂的方式解决，看清问题的真相后，也许你需要的只是一个超简单的工具。

今日各行各业浮现的种种问题错综复杂，解决问题的方法也变得更为专业。一个问题常常可以有多种不同的解决方式，解决问题的人一不小心便会掉入种种复杂的思考，反而不会一开始就尝试那些最明显、最合理也最直接的办法。为了克服这个问题，我们仿效民航业的做法，开发出了一般人均可使用的检查表，确保方方面面无一疏漏。检查表是被遗忘或忽略的商务工具，现在是让它再次上场的时候了。

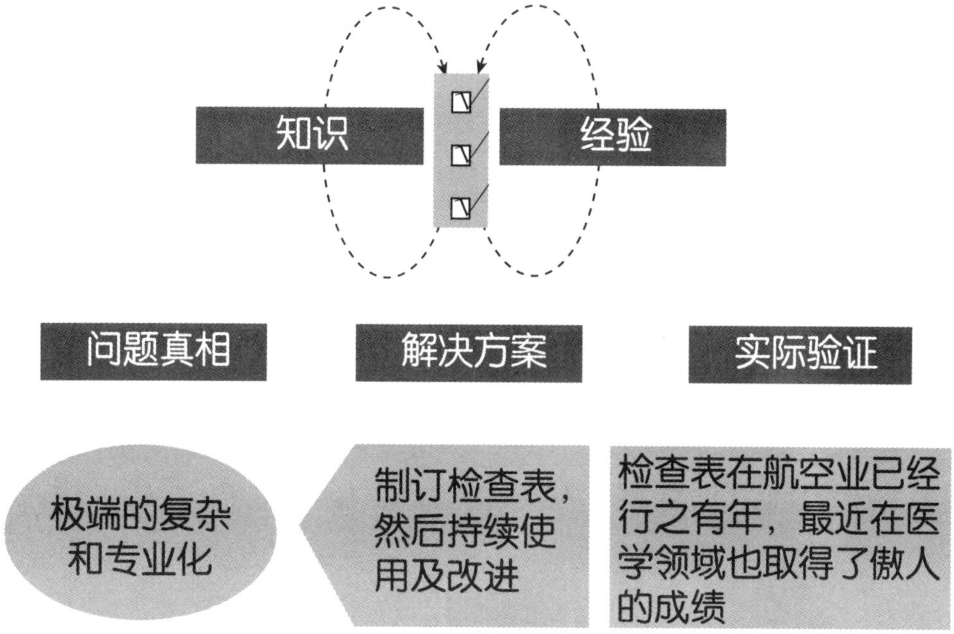
知识
经验
问题真相
解决方案
实际验证
极端的复杂和专业化
制订检查表，然后持续使用及改进
检查表在航空业已经行之有年，最近在医学领域也取得了傲人的成绩

一　问题真相

信息革命对各专业领域造成巨大影响，这一点在现代医疗保健中就可得到很好的证明。现今的医疗从业人员受教育水平极高，他们在各自的专业领域身经百战，但是医护人员专业化程度的增加也造成一些意想不到的后果——由于每个人都忙于自己的专业，反而使病人因为一些本来完全可避免的原因死亡。

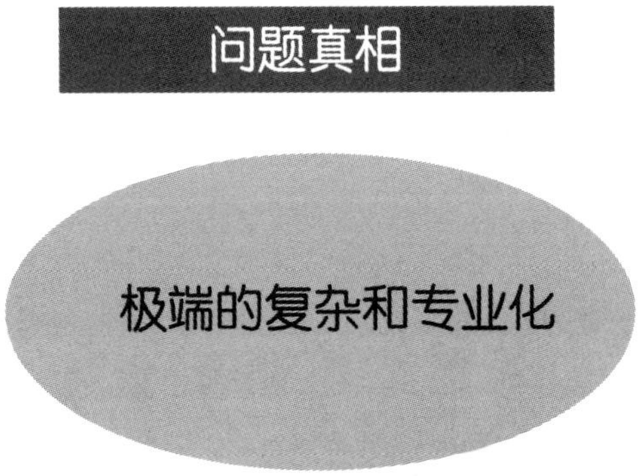

21 世纪的医疗保健成就非凡，几年前必死无疑的绝症，现在可能只需稀松平常的日常治疗

程序就能治愈。然而，虽然有这些了不起的成就，但也有数量惊人的患者最后还是丧命，原因只是非常单纯的人为疏失：

◎ 医疗设备未得到妥善维修，导致紧急情况下无法运作。

◎ 医疗小组动作不够快，无法配合执行必要的医疗程序。

◎ 某位医疗人员忘记洗手，造成致命的感染。

根据世界卫生组织估计，目前世界上有超过13000种不同的疾病、症候群和身体损伤类型。其中大多数即使不能完全治愈，至少也可以减轻患者的痛苦程度。治疗的挑战在于，不论是哪种症状，处理步骤都各不相同，而且都相当复杂。光是一般的临床医师就要面临大约6000种药物、4000种疗程和手术方式的选择，就算是经过多年的训练，要从中作出正确选择也有很大的困难。

在美国，每天都有大约 9 万人住在加护病房。也就是说，每年会有大约 500 万人接受加护照护，而且每个人在一生当中都会有进入加护病房的机会。研究显示，加护病房中的患者平均每天接受 178 项照护措施，例如在正确的时间给药、定时为病患翻身以避免褥疮、为病患洗澡、帮病患更换床单时还要小心不能碰到病患身上的各种导管等等。其中每个动作都有出错风险，就算医生和护士都表现出色，将错误减到最少，但只要有 1％的错误率，就代表每天在每位病患身上会犯下两个错误。

关键思维

这是重症看护的现实：在任何时候，疾病恶化的几率其实和好转的几率相同。导管感染实在太常见了，已被视为例行的并发症。加护病房每年要为病患放置 500 万条导管，全国数据显示，经过 10 天的时间，有 4％ 的导管会出现感染；

每年约有 8 万人出现导管感染，致命的几率在 5% 到 28% 之间，视病患原本的病况而定。熬过感染期的病患，平均需要在加护病房多待上一周，而这仅仅只是众多风险之一。从整体上来说，加护病房的病患约半数会碰到严重的并发症，一旦出现这种情形，存活几率便急剧下降。

——阿图·葛文德

面对这种日趋复杂的情形，医疗界的应对之道是：

专业分工 → 超级专业分工

过去专业分工的领域，现在已经进一步分化成更专精的超级专业分工。临床医师培训会针对特定项目要求他们做到最好。例如，过去在手术过程中会有麻醉师负责控制病患的疼痛状况，现在则细分成儿科麻醉师、心脏麻醉师、产科麻醉师、神经外科麻醉师等。

在 20 世纪初，只要有高中学历再加上 1 年制医科学位，就可以得到医师执照。到了 20 世纪末，想在美国当一名医生，必须有大学学历、四年制医科学位，再加上 3 到 7 年在特定科系的住院医师训练，例如儿科、外科、神经内科等。时至今日，即使这样的准备也已经有所不足了。大多数医生还会再申请奖学金，去接受 1 到 3 年的额外训练。如此一来，一名医师大概得到了 35 岁以后才能独立开业。

关键思维

近几十年来，不断细分的专业化倾向让外科手术的成功率有了长足进步。过去，就算是个小手术，死亡率都可能是两位百分数，而且病患恢复时间长、残疾可能性高；而现在已经有许多手术都是病患在当日即可出院。但是想想今天手术的数量——每个美国人平均一生会动 7 次手术、外科医师每年要进行超过 5000 万次手术，伤亡人数仍然不低，其中，每年的手术死亡人数就超过 15 万人，是交通事故死亡人数的 3 倍。此外，研究显示，这些病例中至少有一半的死亡和重大并发症都是可以避免的，我们也都心知肚明。但不管经过怎样的极端专业化训练，我们还是会漏掉一些步骤，还是会犯下一些错误。这给拥有辉煌成就但也不时出错的医疗界提出了一个重大的课题：仅靠专业还不够的时候，你该怎么办？如果连超级专家都做不到，你还能怎么办？

——阿图·葛文德

在医疗界发生的情况也同样出现在其他各行各业。例如在建筑业，要盖任何建筑物，传统的做法就是找一个承包商，由他负责设计、建造、监督直到完工为止。一些重要建筑，如美国的帝国大厦和国会大厦，也都是由这种承包商负责完成。然而，到了 20 世纪中叶，建筑业也开始走上了专业化分工的道路。首先，建筑设计和工程设计开始分别独立出来，接着各种建筑专业知识也一一独立成为专业领域。如今，建筑产业包括至少 16 种行业，如建筑师、结构工程师、机电工程师、机械工程师、通风设备工程师等。

日益加剧的复杂化也对航空业造成了影响。1935 年，美国陆军航空兵部队找来各家飞机制造商彼此竞争，准备打造下一代轰炸机。波音公司推出的 299 型试验机脱颖而出——它所携带的炸弹数量是军方要求的 5 倍、飞行距离是先前轰炸机的两倍之多。1935 年 10 月 30 日，一群高层将领和飞机厂商高层齐聚一堂，观赏 299 型试验机试飞处女秀。

飞机在跑道上呼啸而过、顺利升空，正常攀升至 300 英尺高空后却忽然失速，坠落地面形成一团火球，造成 5 名机组人员中的两人丧生，包括驾驶员普洛伊·希尔少校。美军原本计划采购 65 架波音飞机，但由于这次坠机事件，转而向道格拉斯公司购买，波音公司几乎破产。

事故调查发现，299 型试验机并未发生机械故障，失事原因在于“飞行员操作失误”。报告还指出，驾驶 299 型飞机的操作复杂度远远超过过去的飞机——驾驶员必须控制 4 台引擎，而且得分别调整油气比例、收放起落架、调整襟翼和电动配平片以及恒速螺旋桨的螺距。希尔少校忙着操作这些程序，以至于忘了将升降舵和方向舵解除锁定。诚如一家报纸的总结：波音 299 型“不是一个人能飞的飞机”。

最后，军方仍向波音公司购买了几架 299 型飞机作为测试之用。几个喜欢 299 型飞机的飞行员决定一起来想办法让它更好操作一些。他们认为让飞行员加强受训并非解决之道，因为希尔少校已经是航空队的首席试飞员，很难想象还能有人比他经验更老道、更专业。相反的，这个专门小组想到了一个以简御繁的方法——他们订出了史上第一份飞行检查表。因为这架新飞机的驾驶方式太复杂，不可能全凭一个人的记忆力操控，即便他是这行的佼佼者。

起初，这份检查表并不复杂，检查项目用一

张小卡片就能写完。上面分别列出起飞前、飞行中以及降落前需要逐步检查的事项，所有事项都是飞行员早就知道的事情，像要松开煞车、正确设定仪表板、关闭门窗、解除升降舵锁定等。但是，正因为有了这些简单的检查表，飞行员驾驶 299 型试验机飞行了 180 万英里，从未发生任何事故。

最后，军方一共购买了将近 13000 架 299 型飞机，也就是后来被称为“飞行堡垒”的 B—17。美国因此在第二次世界大战中获得了决定性的空中优势，B—17 成为同盟国空中力量的主力，最终迫使纳粹德国投降。原本波音公司的“灾难”，摇身一变却成为了美国在第二次世界大战期间的王牌，这都要归功于一份检查表。

关键思维

来到 21 世纪初，我们所面对的情况是：我们已经累积了很多专门知识，也通过训练有素、技术高超、工作勤奋的员工将它们付诸实践，并因此取得了非凡的成就。但可避免的错误仍频频发生，更别谈其他像是士气低落、心情沮丧等问题。这种情况层出不穷，不论是在医疗、金融界还是其他业界，从企业到政府皆是如此。问题的症结也越来越鲜明：那就是我们目前所拥有知识的数量和复杂度已远远超出我们个人的掌控范围，根本无法正确、安全、可靠地传达。知识帮助了我们，也压垮了我们。我们必须采取不一样的策略来避免失误，在善用现有知识和经验的同时，也兼顾人力不足之处。这个方法确实存在——虽然它看起来简单得不能再简单，对投注多年岁月、小心翼翼发展更先进技术和能力的我们来说简直不可思议——它就是一张检查表。

——阿图·葛文德

二　解决方案

现在，不论是程序设计师、金融管理人员、消防队员、警察还是医师，要做的事情越来越多，也越来越庞杂，不可能光靠记忆就执行妥当。解决方案就是仿效民航业的做法，在每天的例行作业中以更有系统的方式来应用检查表。

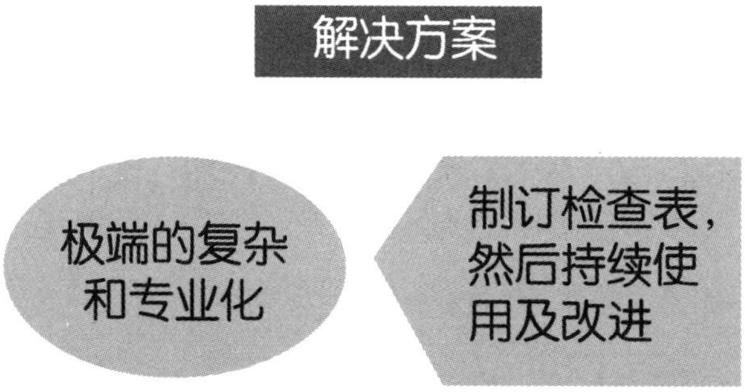

在复杂、压力大的环境下，人们总是会碰到两个主要难题：

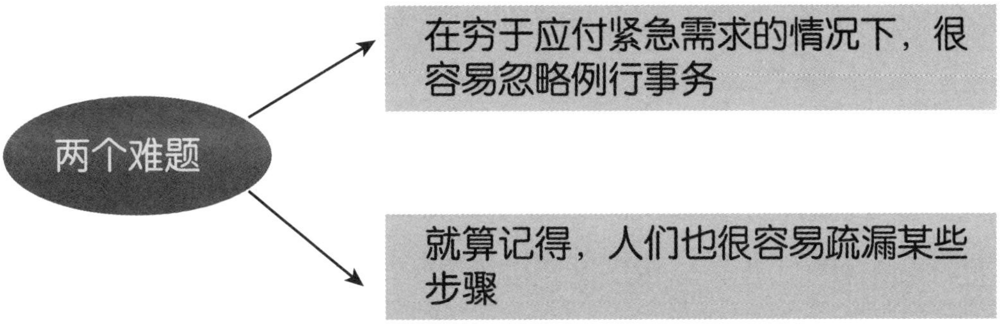

◎ 碰上严重又紧急的状况时，人的记忆就有可能出错。例如，做蛋糕的时候，如果来了一通电话，你可能一分心就会漏掉重要配方；病人正在狂吐，病患家属急着想知道怎么回事，你就可能会忘记检查病人的脉搏；飞机准备起飞的时候，飞行员可能忘记将飞行控制器解除锁定。

◎ 此外，人们也很容易说服自己跳过某些步骤，因为大部分的时候，跳过这些步骤并不会造成太大问题。例如，有没有帮医院里的 50 个病患测 4 大生命体征其实没什么大不了，但其实某个问题只要作好例行检查就可以立刻发现。(顺道一提，一直到 1960 年左右，病人的 4 大生命体征才被列入例行的检查项目，因为当时护士觉得有此必要，于是重新设计病历表并将其纳入记录。）

检查表可以为应对这两项重大难题提供一些基础保障。只要明确列出基本、可检验的步骤，便能导入一套方法，取得更高水平的表现。检查表可以有各种不同的格式：像让病人自己填写的用药时间表或每个病人的护理计划书等。同样，检查表上面的项目也可以分成“提醒”（边读边照着做）或“检核”（做完之后打钩）。检查表可以汇整的项目无所不包，因此可以应用于各种情况。

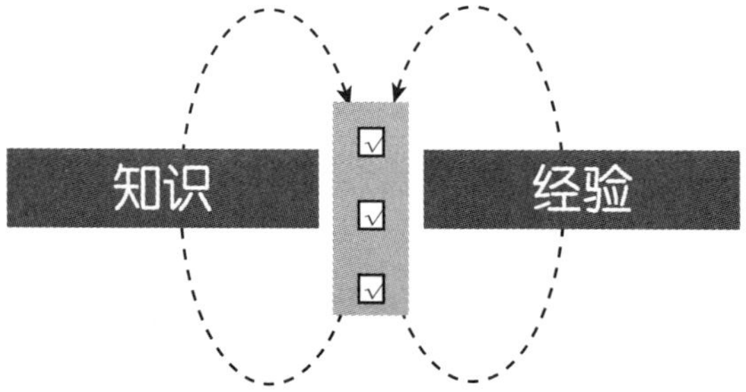

检查表为什么有效？简言之，检查表可以确保人们实实在在地应用所有的知识和专业技能。此外，检查表也能启动一个自我维护的良性循环，设计和使用越多检查表，检查表就会越来越精良。

人们大多以为检查表只能应付例行和重复性的工作，如飞机起飞前的准备工作，但事实并非如此。

以 2005 年 8 月 29 日卡特里娜飓风袭击新奥尔良为例，在短短几小时内，新奥尔良的固话、手机基站电力全部中断，使得通讯非常困难。而且保护城市的河堤也已经溃堤。

当天下午，一位 FEMA（美国联邦紧急事务总署）的专员设法搭乘直升机到新奥尔良上空查看洪水泛滥的情况，眼见数百人被困在屋顶上，另外还有很多尸体在水中载浮载沉。因为其他所有通讯方式都已中断，于是这位专员用电子邮件发出了紧急报告，但 FEMA 的高层官员并没有使用电子邮件，因此他们完全不知道有紧急状况发生，直到第二天才从电视上看到灾情转播。这时，城市已有 80％被淹没，4 万名灾民被困在新奥尔良的超级巨蛋体育场和会展中心，5000 人滞留在 10 号州际公路的高架道路上，医院断电，抢劫事件层出不穷，民众急需食物和饮水。接下来的数日，情势持续恶化的同时，联邦政府、州政府和地方政府还在争论责任归属问题。

其时，沃尔玛超市在新奥尔良地区共有 126 家分店，也因为受灾和停电而停业。公司首席执行官斯科特向员工宣布："本公司将尽力投入救灾，各位也须作出超出现有职责的决定。请各位依目前可以得到的所有资讯作出最佳的判断，最重要的就是做对事情。"短短 48 小时内，两万名沃尔玛的员工及家属便扛起责任，公司的优先任务转为如何帮助新奥尔良的民众。

沃尔玛的各分店经理全权调度，开始向灾民发放尿布、饮水、婴儿奶粉和冰块。甚至首批来自 FEMA 的救援人员也在没有任何正式申请的情形下便得到了沃尔玛提供的食物、睡袋、盥洗用品和救援设备，所有物资的追踪只靠一个简陋的纸本记录。

有一间沃尔玛分店被 30 英尺高的洪水淹没，店里的一位助理开着推土机从侧边撞了进去，尽可能把物资抢救了出来并在停车场开始发放。后来，当地的医院告诉她出现药物短缺的状况，这位助理再次冲进沃尔玛的药房去运送药品——她临机应变的能力事后也获得高层赞赏。沃尔玛也成立了一个紧急应变小组（其中还包括红十字会的成员），短短两天，便有货柜车满载着食物、饮水和紧急设备开进新奥尔良。员工也设立临时移动药房，让撤离的民众能免费取得药物。最后，沃尔玛总共在新奥尔良发放了 2498 个货柜的紧急救援物资，并捐助地区收容所和指挥中心超过 350 万美元的货品。

这个故事并不是意在说明民间组织会比政府更能应对复杂的紧急情况。很多在新奥尔良的大型民营企业对于这种偶发事件也是准备不足、束手无策。这件事给我们的真正教训是：在非常复杂的情况下，集中式的管控无法达到良好成效；把必须完成的事项列成简单的检查表，充分授权给相关人员依当时特定的需求作出最恰当的判断并采取对应行动，成效反而会更好。

换句话说，检查表之所以能在复杂的情况下有良好成效，是因为它能在各种互相牵制的原则之间取得平衡：

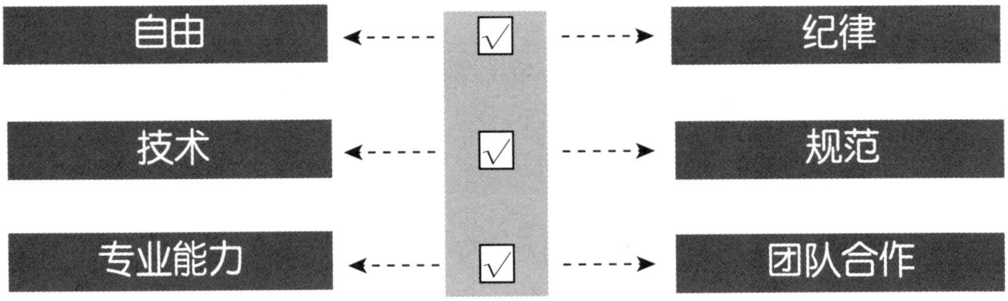

检查表能提供一套检核点，帮助人们在各种重要原则之间取得平衡，在保证基本、必要的项目不会被遗漏的同时，也确保人们针对共同的目标进行沟通和配合。

关键思维

在复杂的情况下，检查表不只是助力，更是成功的必备条件。虽然仍有人为判断的空间，但这种判断，可以由程序来加以协助甚至改善。

——阿图·葛文德

检查表能在意想不到的地方发挥巨大威力的最佳案例就发生在范海伦摇滚乐团身上。在各大知名乐团之中，范海伦是首批将巡回演出开到城乡市场的乐团之一。一般的舞台表演设备，大约需要两三辆 18 轮大货车，但范海伦的设备足足需要 9 辆。在这种情形下，人们总是要担心舞台地板是否撑得起这么多的额外重量。

为了防患未然，范海伦的管理团队和演唱会的赞助单位会签署一份巨细靡遗的合约——厚得像电话簿一样。合约中第 126 款明确约定，后台必须有一碗 M&M's 巧克力，而且里面不得有咖啡色的巧克力。如果咖啡色巧克力没有被挑掉，演出便取消，而且乐团可以得到全额赔偿。

乍看之下，这不过是权力欲望作祟的名人提出的疯狂要求，但其实，这就是一个检查表上的项目，以便确认赞助单位是否充分了解和遵守举办演唱会的技术要求。

关键思维

只要我走到后台，看到碗里有咖啡色的M&M's巧克力，我们就得仔细检查整个演出制作，而且我保证，你一定会找到技术性错误、一定会发生问题。

——大卫·李·罗斯，范海伦乐团主唱

有一次，范海伦乐团不得不取消在科罗拉多州的演唱会，因为在咖啡色M&M's巧克力提醒下，他们发现场地的地板根本撑不住舞台设备。只不过就在演出合约里放入了一个简单但有点古怪的检查项目，乐团的管理团队就能知道哪些赞助单位确实遵守合约，哪些只想便宜行事。

检查表的另一个好处是可以快速且准确地整合来自不同团队的各种活动。以兴建摩天大楼为例：

为了让建筑工作有条不紊地进行，施工方会订出施工进度表，也就是一个非常长、非常详细的待完成工作项目检查表。将它输入电脑的时程控制软件后，通常会用颜色对其加以标注，例如标上红色就代表必须优先完成这项关键步骤才能进行其他项目。有了整体的作业时间表，建材的运送时程和其他厂商更详细的检查表才能产生。承包商及其他个别专业人员才能进行每天的检查，核查各个项目是否妥善完成且符合验收标准。

那么，万一情况不如预期或出现问题，该怎么办？简单来说，就是把相关人士都找来沟通一下，共谋解决之道。就大多数的建筑工作来说，施工进度表旁边还会另外列出一份时程表，详细列出进度有何改变、谁该在什么时候找谁解决问题。集合相关人士后，看看如何往前推进，作出决定，依实际需要调整施工进度，然后每个人签名以示负责。

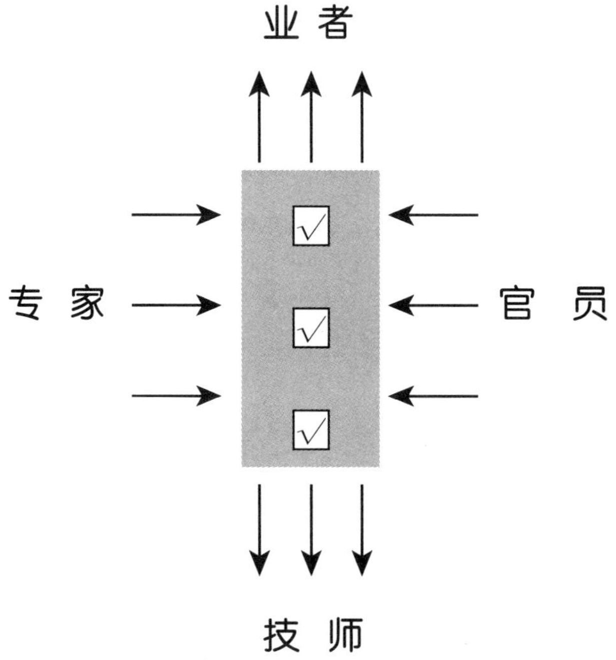

关键思维

设计建筑的时候要考虑的因素多到让人头皮发麻：包括当地土壤的成分，个别结构需要的高度，可用材料的强度、几何外形——这还只是其中几项而已。然后，要把蓝图变成现实，也困难重重，必须确保每个工匠和技师都能依照正确的程序完成工作；同时还得保持弹性，应付突发的难题。但很明显，世界各地的很多建筑商都成功了，他们在全球各地顺利建造了数百万建筑物。即便在过去数十年间，建筑工程的复杂度远远超过以往，但他们仍然成功了。此外，他们还让一线工作人员分别负责特定任务——从基础的打桩到为加护病房拉电线——就好像医生、教师和其他专业工作者的工作一样，都是他人无法干涉的专业领域。

——阿图·葛文德

在实际应用方面，近年来建筑业的主要进展在于改善了检查表项目的追踪以及联络方式。在今日多数大型建筑工作中，工人可以将问题用数字影像的方式通过电子邮件发送给工程经理，再由经理转给主要承包商和负责处理的人员。大家通过团体讨论，各自以专业知识处理突如其来的问题，可以大大降低复杂度。一旦所有人员同意接下来最佳的解决方式，便可以立刻采取应对方法，让工程继续。

关键思维

建筑业的检查表显然不是万无一失的，有时候还是会有疏漏，但成功的纪录已经十分惊人。美国有将近 500 万栋商业大楼、1 亿栋低楼层住宅以及大约 800 万栋高层住宅。而每年还会新增大约 7 万栋商业大楼、100 万栋住宅。但建筑物倒塌（指使用中的建筑物部分或全部倒塌）的情形极为罕见，尤其是对摩天大楼而言。根据 2003 年美国俄亥俄州立大学的研究，美国每年平均只有 20 起严重的建筑物倒塌案例。也就是说，可避免的错误率不到 0.00002%。可见，检查表确实有用。

我们在大城市里盖起高楼，里面有数以千计的民众，而在每栋大楼附近工作和生活的人更是数以万计。这实在令人不安，让人觉得危险且不明智。但我们之所以信赖这些高楼，是因为相信专家有能力应付这些复杂问题。而专家也知道，光靠自己的个人能力不可能把一切都做好。所以，他们信任的是一套检查表，确保所有简单的步骤都不会错过或跳过，也确保每个人都能参与讨论和解决那些困难且突发的问题。

——阿图·葛文德

三　实际验证

在这个复杂的世界里，检查表看似一个简单到不可思议的工具，但证据显示它确实有效。理想的检查表能让你不用烦心挂念那些日常事务和待办事项，于是你便可以专注于真正棘手的事情。即使将检查表运用在极具风险的金融投资业，也和在民航业及医疗界一样有效。可想而知，它在各行各业都有大展身手的机会——而且随着未来的情况越来越复杂，检查表将更具威力。

实际验证

> 检查表在航空业已经行之有年，最近在医学领域也取得了傲人的成绩

2001 年，约翰·霍普金斯医院的重症护理专

家彼得·普罗诺弗斯特对于加护病房中的中心静脉导管感染情况感到忍无可忍，于是他整理了一份简单的检查表，列出了避免感染的必要步骤：

- ☑ 治疗患者前，先用肥皂洗手
- ☑ 使用医药级抗菌剂清洗病人皮肤
- ☑ 以无菌铺单覆盖病人全身
- ☑ 置入导管时，必须穿戴手术用口罩、帽子、无菌手术衣和手套
- ☑ 置入导管后，随即在插入位置覆盖无菌敷料

虽然这些步骤再简单不过，但加护病房的护士发现，医师一忙起来总会跳过一两个步骤，发生这种情况的几率大约有三分之一。有了这项发现之后，普罗诺弗斯特说服了约翰·霍普金斯医院的行政团队特别授权给护士——如果看到医师漏了检查表上任何项目，便有权阻止医师置放中心静脉导管；同时也鼓励护士每天提醒医师是否应及时为病人取出导管——除非明显必要，否则

不必留置过久。

大约一年之后，普罗诺弗斯特和同事查看实验结果，对结果大感惊讶。在约翰·霍普金斯医院，10 天的中心导管感染比率从 11％降到 0。事实上，在接下来的 15 个月内，全院只发生过 2 次中心导管感染事件。根据他们的统计，靠着这份简单的检查表，光是这家医院就避免了 43 例感染，将 8 个人从鬼门关救了回来，另外还节省下高达 200 万美元的医疗成本。

受到这次成功的鼓舞，普罗诺弗斯特医师开始为加护病房设计一个又一个检查表，也得到了同样喜人的成果。例如，有一份简单的检查表是要确保每 4 小时观察患者的疼痛状态并及时为他们提供止痛药，它使得病患承受疼痛但未获医治的情形从 41％ 降到 3％。另一个关于呼吸器的检查表则让相关病患死亡人数比前一年减少 21 人。很快，普罗诺弗斯特被同事誉为“天才”，就因为他想出了方法将待办事项清单或检查项目融入加护病房中每个人的例行工作之中。

然而，即使普罗诺弗斯特取得了如此优异的成果，但当他前往全美各地向医生、护士、保险公司和医院管理层介绍他的检查表时，表达出采用意愿的人却仍然寥寥无几。医师光是想想自己的工作得用检查表辅助就觉得备受侮辱。其他人则认为这个想法在医护人员普遍人手不足、操劳过度的加护病房根本行不通。多一张表只是再增加一项文书工作，似乎不值得这么麻烦。

关键思维

我们不喜欢检查表，因为它没什么乐趣可言，还可能会让人痛苦。但我认为，这不仅是因为懒惰，还有一些更深层、内在的原因让人不愿意用检查表，即使它可以拯救生命甚至用来赚钱，那就是使用检查表似乎让人觉得有点丢脸、尴尬。我们总认为，那些伟大的人——也就是我们渴望成为的对象——能全靠自己处理高风险的复杂情况，他们行事大胆、作风随性；他们不打草稿，也用不着什么检查表。但也许，我们对英雄的定义需要更新一下了。

——阿图·葛文德

终于，在 2003 年，密歇根州健康及医院管理局和普罗诺弗斯特联络，在全州的加护病房试用他的中心导管检查表。密歇根蓝十字蓝盾医疗保险公司也同意给参加试用计划的医院提供一小笔奖金。这项计划后来被称为“基石计划”，每家医院指派一位专门经理和一位资深行政人员负责计划的执行。他们还说服了一家中心导管的最大制造商 Arrow International 生产新的中心导管器材，其中包括无菌铺单和消毒皂。

2006 年 12 月，基石计划在《新英格兰医学期刊》发表了一篇具有里程碑意义的文章，公布了研究结果。计划实行 3 个月后，密歇根州加护病房的中心导管感染率就下降了 66%，大多数的加护病房的季感染率直接降到 0。密歇根州的感染率降到如此之低，让它的加护病房平均感染率击败了全国 90% 的同行。基石计划实行 18 个月后，约节省了 1.75 亿美元的成本，拯救了超过 1500 人的生命。到现在，这项成就已经持续了好几年——全靠一份看起来很蠢的检查表。

然而，真正将检查表的威力发挥到炉火纯青的最佳代表仍然是民航业。今天的民航飞行员携带的操作手册便是由数以百计的检查表构成的。其中除了一般飞机操作的“正常”检查表，还有“异常”检查表，列出目前所知的飞行员职业生涯中可能遇上的各种紧急情况，其中有数百个检查项目是飞行员希望永远用不到的。

在飞机制造业，研发新的飞行员检查表已俨然成为一门艺术。2008 年 1 月 17 日，英国航空 38 号班机（波音 777 型客机）从北京起飞，经过 11 个小时的飞行后即将抵达伦敦。但就在 720 英尺高空，两具引擎突然失去动力，此时距离机场大约两英里。这架飞机最后坠毁在跑道前四分之一英里处，差点撞到附近居民的屋顶以及机场周边道路上的汽车。（事后发现，逃过一劫的车辆中有一辆正载着英国前首相戈登·布朗，他正准备前往中国进行首次官方出访。这架777型客机，只差几码就会撞上首相的座驾。）飞机坠地后，鼻轮断裂，右侧主起落架脱落并刺穿客舱。超过1400升的航空燃油倾泻而出，幸好并未起火，152名乘客和机组人员成功撤离，受伤最严重的人只是腿部骨折。

多位航空事故调查员前往现场，试图找出事故原因。他们拆下引擎、燃油系统，将飞机解体检查，却发现引擎没有任何问题，燃油管线也没有堵塞，油箱中没有碎片，所有阀门和燃料供应系统也没有问题；燃料经过测试，也没有异常或明显的问题。最后，经过几个月的资料分析，他们得到的结论是飞行路径可能是事故的重要因素。

关键思维

他们提出了一套详尽的解释：航空燃油通常会有少量的水分，每加仑不到两滴。在冷空气中飞行，这些水分会冻结成细小的冰晶，在燃料中漂浮。过去大家从来不觉得这是个重大的问题。但如果是途径漫长且非常平顺的极地航线——就像这次的情形——燃油流动就会变得非常缓慢，冰晶就可能沉淀或堆积在油箱某处。然后，在忽然需要加速的时候，例如在最后飞机进场准备降落时，燃油流量突然增加，堆积的冰晶就可能造成燃油管线堵塞。

——阿图·葛文德

虽然这样的解释有点牵强，但却是经过 8 个月调查后所有调查人员唯一能得出的结论。他们建议，在飞行当中可以采取一些措施来避免这项问题。每当引擎失去动力，飞行员的本能就是增加引擎转速，试着增加推力。但如果冰晶已经进入燃油管线，增加引擎转速只会让情况更糟。研究人员认为，飞行员反而应该暂时让引擎空转，降低燃油流量，飞机本身的热交换器就会在几秒内融化冰晶，使引擎恢复运作。

这份调查结果已经令人印象十分深刻，接下来发生的事情更是鼓舞人心。2008 年 9 月，美国联邦航空管理局发布一份详细的建议书，说明飞行员应遵循新的作业程序，防止飞行极地航线时产生冰晶堆积，以及冰晶造成引擎故障时该如何处理。联邦航管局也要求，飞行员必须在 30 天内了解这些调查结果并将其纳入飞行程序。两个星期之内，波音公司便将这项建议纳入标准的检查表，供飞极地航线的飞行员使用，并将这份更新后的检查表（已在波音公司的飞行模拟器上广泛测试）提供给世界各地所有波音 777 型操作人员。

各家航空公司几乎立刻更新了波音公司的检查表。有些航空公司针对其现有标准作业程序而有小幅修改，其他则直接采用新的检查表。于是，在 30 天内，所有航空公司都采用了新的飞行程序规定。检查表之所以能在航空业成功运用，正是因为它能够将所有事项都变成可行的步骤。

关键思维

事情的经过极具启发性——当然，这和检查表有关。但让我们先想一下，那些最专业的工作出现重大问题时，一般大家的反应是什么？首先，我们很少会探究失败的原因。不论是在医疗界、教育界、法律界还是金融界，事实上几乎任何工作领域都不会一有错就上新闻。同一种错误，可能有数以千计的人都会犯，但就因为通常是个别发生，我们也就不会去努力寻求解释。但有时候，我们也会去调查失误背后的原因，学习更好的做事方式。然后呢？这些发现可能会出现在某个课程或研讨会上，或发表在某个专业期刊或某本教科书上。理想的话，它们还会变成厚厚的使用说明或公告标准。但即便如此，我们还是不能确定大家是否都清楚了解了，而要让他们真正接受这些改变，往往需要好几年的时间。

——阿图·葛文德

到了 2008 年 11 月 26 日，波音 777 型的新检查表终于有了验证的机会。一架达美航空公司的班机从上海飞往亚特兰大，机上载有 247 人，在飞越蒙大拿州山区时，冰晶堵住燃油管线，造成引擎故障。飞机的正副驾驶立刻拿出检查表，成功恢复了引擎的运作，甚至没让乘客感觉到有任何事情发生。后来的调查显示，当时确实是冰晶在燃油管线堆积造成问题，而波音公司也据此改良了 777 型客机的燃油系统，以彻底避免类似问题再次发生。

关键思维

人们往往不能理解检查表如何能应付复杂的作业流程。检查表并不是完整的操作指南，不是要告诉你怎么盖起摩天大楼或排除飞机的故障。检查表只是快速而简单的工具，能确保专家发挥专业技能。它已经拯救了成千上万人的生命。

——阿图·葛文德

检查表在民航业和医疗界十分适用，但金融业这么复杂，有人觉得检查表应该派不上用场。在金融世界里，投资人总是不断面对压力，努力想在股票真正开始大涨之前进场。这是“价值型投资者”面临的挑战，他们不会一心想抓住什么市场时机或是跟上市场里的投机泡沫。这些投资者只想买到那些现在被低估的公司股票，作长期投资。

问题是，不论你想买的是什么公司的股票，都很容易进入一种心理上的“贪婪模式”，让你一心想着能赚多少钱，而不是作真正该作的系统性分析。毕竟，考虑把获利拿来买哪一款法拉利，要比埋首财务报表底下的附注、枯燥的风险评估分析或公司产业前景预测有趣多了。

就算是世界上最成功的价值型投资者——伯克希尔·哈撒韦公司的沃伦·巴菲特及他的长期投资伙伴查理·芒格，投资时也可能出错，因为投资并不是精确科学。然而，有些投资者已经开始使用检查表来辅助他们进行判断，帮助他们在投资前确认应注意的事项。这种检查表之所以好用，是因为它会迫使你冷静下来，而不是让一时的狂热冲昏了头。

在投资检查表中应该有哪些项目？有一位投资者分析了巴菲特买进的每一只股票，据此研发出一份自己的检查表。他的检查表包括以下项目：

- ☑ 你是否已分析该公司过去10年的财务报表?
- ☑ 你是否已分析调查该公司的负债及风险程度?
- ☑ 你是否已调查了公司的经营团队?
- ☑ 你是否审视了该公司的竞争对手?
- ☑ 你是否已考量该公司所属产业的未来前景?
- ☑ 你是否已调查该公司相关人士有没有正在出售持股?
- ☑ 你是否已详阅该公司各项财务报表和现金流量表的附注?
- ☑ 你是否已研判该公司的现金流量和成本报告所列的营收成长相符?

靠着这些检查表，精明的投资者发现自己能更有效率也更完美地完成投资。在投资的时候应用检查表，让他们能够取得亮眼的投资表现。

关键思维

这些投资者的经验让我惊讶的地方并不只在于证明了检查表在金融和医学领域都一样适用，还在于在这个领域，大家接受检查表的意愿一样不高。在金融市场上，人人都想多占一点优势。如果有人做得很好，众人就会像饥饿的鬣狗一样向前猛扑，想探究原因。任何可以赚钱的方法，即使只多赚到一点点钱——不管是投资网络公司还是使不动产证券化，永远都有人趋之若鹜。但就是有一项一直不受欢迎：那就是检查表。

——阿图·葛文德

2007 年 1 月，世界卫生组织在瑞士日内瓦总部召开为期两天的会议，研讨如何在全球每年进行的 2.3 亿次重大手术中减少并发症。最后的方式并不是公布一份正式的世卫组织安全手术照护标准，而是要制订出一份安全手术检查表。经过几年的调整，他们终于达成共识，拟出了共含有 19 项要点的手术检查表：

◎ 7 项麻醉前检查：确认病人身份、同意书，确认手术部位标记，作过敏检查，确认设备和血液可用。

◎ 7 项麻醉后、手术前检查：确认所有的团队成员彼此认识，确认病人和手术程序无误，打抗生素，确认放射影像显示正常，确认每个人都知道手术的操作流程。

◎ 5 项病人离开手术室前的最后检查：所有纱布和设备清点完毕，确认病人术后复原计划及注意事项等。

接着，这份安全手术检查表从 2008 年春季开始在全球 8 间医院进行试用。研究的成果在 2008 年 10 月公布，成效惊人：

◎ 引进检查表后，全部 8 家医院的手术重大并发症发生比率下降 36%。

◎ 死亡人数下降 36%，从 435 例降到仅剩 277 例。

◎ 感染情况减少将近一半。

研究结果发表在 2009 年 1 月的《新英格兰医学期刊》上，引起热烈的反响。十几个国家公开承诺将在医院实施各种版本的安全手术检查表。然而，到了 2009 年底，美国只有 10% 的医院做到了这一点。他们不断抗拒的是一份只要 10 分钟就能完成的检查表，而且已通过验证，可以帮助拯救生命。从这点可以看出，对于某些专业人士来说，要接受并使用检查表这件事有多困难。

关键思维

我们手上已经有了工具，可以让我们完成一些最复杂和危险的工作，像手术、急救、重症照护等，而且这项工具比我们以往所想象的工具都更加简单有效。但使用它的前提是需要先打破医疗文化的传统观念，过去的观念认为，面对各种高风险的复杂情况，医护人员需要的是胆识。但检查表似乎正好与此背道而驰，于是引起许多人的反感。然而，如果你觉得有了检查表就不再需要勇气、智慧和随机应变的能力，其实是严重的误解。现在的医疗工作已经过于复杂且专门化，好的医生当然还是要有胆识；然而，对于团队合作的好处也应该欣然接受。

我们眼前有着大好的机会——检查表不只在

医疗界有效，在几乎任何工作中都能适用。就算是我们之中最顶尖的专家，如果能找出错误和失败的模式，建立检查的机制，也能获益良多。但我们做得到吗？我们是否已经准备好拥抱这个机会？这一点，还实在是有待商榷。

——阿图·葛文德

延伸阅读

打败混乱

在混乱失序中挣扎的人像是在和影子打架，因为对手原来是自己。混乱的背后是不安全感，所以人们才会用各种东西填补心理空缺，导致工作、生活一团混乱。只有真实面对自我，找出混乱源，才能找到解决的办法。

缺乏安全感

失序，常常是心理缺乏安全感的具体征候。以精神分裂症患者为例，他们语无伦次，让人不晓得他们在说什么，如："我听到两个人在说我坏话，说我从小到大有多么差劲……"其实这可能是患者受自身童年经验的影响——过于在意别人的眼光，担心别人不认同自己。事实上，当心里感到缺乏安全感时，放弃或逃避都不对，而必须跟自己的不安共处。美国心理治疗师西吉尔指出，例行的工作会使自己的知觉麻木，让自己感到安全。想要有重大改变，就必须认清并且承受一定的不安全感，坚持下去、耐心等待并且保持平静。能够坦然自在地面对不安全感非常重要，因为这种态度可以帮助我们发展出直觉能力，让我们敏锐察觉发自内心的声音。

学习形态

学习形态的概念是 1954 年由美国学者泰伦首次提出的，但是 Learning Style 一词则直到 1970 年前后才真正出现。学习形态是指个人处理信息的习惯，也就是学习者在知觉、思考、解决问题以及记忆方面的习惯性表现，通常包含了个人的认知形态、情感特征与生理习惯等特性。教育学者斯腾伯格认为，学习形态是指个人在使用自己能力时偏好的方式，不是指能力，也没有好坏之分。斯腾伯格还认为，学习形态具有下列特性：

（1）学习形态不是能力，是使用能力的偏好方式，形态与能力相互配合，可以相得益彰。

（2）学习者的学习偏好不会单属某一形态，而是多种学习形态的组合。

（3）学习者的学习形态具有不同程度的变通性。

（4）学习形态是社会化的结果，是可以改变的。

（5）学习形态没有固定的好坏标准，时间与场合不同，评价也不同。

目前在美国企业界与教育界，最被广为运用的是学者库柏的学说。这个学说把学习牵涉到的活动状态分为 4 种：具体经验化、抽象概念化、反映观察以及主动实验求证。这 4 种活动会构成学习循环，却也相互对立，于是造成一般人停留在自己特定偏好的“象限”中，形成自己的学习类型，因此学习者的学习重点各不相同，都是在满足各自的疑问重点。

归档方法

如果建立办公室档案管理制度并且切实落实，文件就不会像垃圾一样堆积如山。要有效管理文件，企业行政管理专家石咏琦提出以下建议：

（1）定期整理，办公室每隔 3 个月要大清仓一次，至少清掉 1/5 的无用文件。

（2）制订档案时效，80％ 的档案其实保存 1 年即可，财务凭证保存 7 年，法律凭证保存 10 年或永久保存，而会议记录及计划书也只要保存 3 年就可以了。

（3）采用集中管理模式，把各种档案交由档案室或资料室共同管理并有效归类编目。

（4）采用正确的分类方法，例如日期法、地域法、部首法或颜色法等。

（5）注意编目与存档方式，用电脑存档要注意统一文件名，还要能够共享，以方便存查。

（6）注意调阅管理。在政府单位借阅资料时，借阅人必须填写借阅单、签名并依时限归还，这种做法值得一般企业学习，以方便追踪档案。

个人则可以仿效卖场与物流仓储上下架的做法，依据使用频率决定档案的优先顺序。简单来说，就是“常用档置上、罕用档归档”。档案每次使用完毕，就把档案放在最上面，一两个月都没有用到的档案，就会“沉”到最下面。一段时间之后，“沉底”的档案就可以归到档案柜存放。这种方法可以使我们轻松地由上向下找到自己要找的档案，因为档案的摆放顺序已经在使用过程中自然调整到最佳状态。要再次使用时，只要由上向下找，就等于由常用向罕用的次序找，自然能很快找到。